O PODER DA FÉ

10 sermões sobre crer em Deus e em sua Palavra

O PODER DA FÉ

CHARLES H. Spurgeon

hagnos

1ª edição: agosto de 2025

Tradução: Paulo Sartor Jr.
Revisão: Luiz Werneck Maia (copidesque) e Marcelo Santos (provas)
Capa: Douglas Lucas
Diagramação: Letras Reformadas
Editor: Aldo Menezes
Editor assistente: Fabiano Silveira Medeiros
Assistente editorial: Raquel Carvalho Pudo
Coordenador de produção: Mauro Terrengui
Impressão e acabamento: Imprensa da Fé

As notas de rodapé deste livro foram inseridas para clarificar palavras, expressões e personagens, além de contextualizar o leitor sobre aspectos históricos e culturais.

Editora Hagnos Ltda.
Rua Geraldo Flausino Gomes, 42, conj. 41
CEP 04575-060 — São Paulo, SP
Tel.: (11) 5990-3308

E-mail: editorial@hagnos.com.br | Home page: www.hagnos.com.br
Editora associada à Associação Brasileira de Direitos Reprográficos (ABDR)

Dados Internacionais de Catalogação na Publicação (CIP)

Spurgeon, C. H. (Charles Haddon), 1834-1892

O poder da fé: 10 sermões sobre crer em Deus e em sua Palavra / C. H. Spurgeon; tradução Paulo Sartor Júnior. — São Paulo : Hagnos, 2025.

ISBN 978-85-7742-668-3

1. Fé 2. Deus (Cristianismo) I. Título II. Sartor Junior, Paulo

25-2678 CDD 248.5

Índices para catálogo sistemático:
1. Cristianismo – Fé

Angélica Ilacqua CRB-8/7057

SUMÁRIO

PREFÁCIO

POR mais de três décadas, Charles Haddon Spurgeon (1834-1892), o notável "príncipe dos pregadores", anunciou com ousadia e ternura as insondáveis riquezas de Cristo. Em seu ministério no Metropolitan Tabernacle, em Londres, Spurgeon tratava da fé cristã não apenas como um tema teológico, mas como um fundamento essencial da vida cristã diária. Neste volume, *O poder da fé*, reunimos dez sermões que exaltam a fé bíblica como confiança viva em Deus e em sua Palavra — uma fé que transforma, sustenta, purifica e nos torna mais que vencedores em Cristo Jesus.

1. *Fé: o que é e como pode ser obtida:* define a fé como um dom de Deus que une conhecimento, crença e confiança. Spurgeon explica de forma acessível como ela nasce, cresce e se firma, mostrando que é pela fé, e não pelas obras, que somos salvos.
2. *A fé madura:* ilustrada pela oferta de Isaque por Abraão, esse sermão examina a fé em seu ponto mais elevado, quando Abraão, mesmo diante do sofrimento e da aparente contradição divina, confia plenamente no caráter de Deus. Um exemplo de fé obediente e rendida.
3. *Fé no meio de zombadores:* aborda o desafio de crer quando a fé é cercada por escárnio, oposição ou indiferença. Spurgeon encoraja os leitores a permanecerem firmes mesmo quando a confiança em Deus é questionada pelo mundo ao redor.
4. *Fé: o caminho para agradar a Deus:* demonstra que sem fé é impossível agradar a Deus. Spurgeon argumenta que a fé não apenas

aproxima o crente de Deus, mas molda uma vida de obediência e devoção que lhe é agradável.

5. *A fé que age pelo amor:* mostra que a fé genuína não é passiva, mas dinâmica. Produz frutos de amor, misericórdia e boas obras — sinais evidentes de que uma fé viva está operando no coração do eleito.
6. *A pequena e a grande fé:* discute os diferentes níveis de fé encontrados entre os cristãos e como Deus honra tanto a fé vacilante quanto a firme, desde que estejam depositadas em Cristo.
7. *A perseverança da fé:* enfatiza a importância da constância, mesmo em meio às provações. A fé que persevera até o fim é evidência da verdadeira regeneração e da obra contínua do Espírito Santo.
8. *A fé que purifica o coração:* mostra como a fé não apenas justifica, mas também santifica. Por meio dela, o Espírito Santo opera a purificação interior e a renovação moral do crente.
9. *A dinâmica da fé em ação:* oferece uma meditação intensa e abrangente sobre a centralidade da fé cristã em todas as esferas da vida espiritual. Um apelo à confiança plena e sem reservas.
10. *A fé onipotente:* exalta o poder da fé quando está alicerçada em Deus. Essa fé remove montanhas, vence batalhas e repousa com segurança nas promessas infalíveis do Senhor.

Esses sermões são alimento sólido para o povo de Deus e um chamado constante a confiar, descansar e perseverar no Senhor. Que, ao lê-los, sua mente seja iluminada, sua confiança em Deus seja renovada e sua fé seja fortalecida para enfrentar as lutas da vida com os olhos firmes em Jesus, "o autor e consumador da nossa fé".

Boa leitura!

Aldo Menezes
Editor

1

FÉ: O QUE É E COMO PODE SER OBTIDA

Pela graça vocês são salvos, mediante a fé.
EFÉSIOS 2:8

MINHA intenção é deter-me principalmente nessa declaração: "mediante a fé". Chamo a atenção, no entanto, antes de tudo, para a fonte principal da nossa salvação, que é a graça de Deus. "Pela graça vocês são salvos". Porque Deus é gracioso, os pecadores são perdoados, convertidos, purificados e salvos. Não é por causa de algo *neles*, ou que possa *estar* neles, que são salvos; mas por causa do amor, bondade, piedade, compaixão, misericórdia e graça ilimitados de Deus.

Esperem por um momento, então, na nascente. Contemplem o rio puro da água da vida enquanto ele procede do trono de Deus e do Cordeiro (Apocalipse 22:1). Que profundeza é a graça de Deus! Quem pode entendê-la? Como todos os demais atributos divinos, ela é infinita. Deus é cheio de amor, pois "Deus é amor" (1João 4:8). Deus é um grande doador, e o próprio nome "Deus" é apenas uma outra forma do verbo "dar".[1] Bondade e amor ilimitados compõem a própria essência da Divindade. É porque "sua misericórdia dura para sempre" (Salmo 136) que os seres humanos não são destruídos; porque "as suas misericórdias não têm fim" (Lamentações 3:22) que os pecadores são trazidos a Ele e perdoados. Lembrem-se bem disso, pois do contrário vocês podem cair em erro ao fixar suas mentes demasiadamente na fé, que é o *canal* da salvação, a ponto de esquecerem a graça, que é o fundamento e a fonte até mesmo da própria fé. A fé é a obra da graça de Deus em nós. Ninguém pode dizer que Jesus é o Cristo, a não ser pelo Espírito Santo (1Coríntios 12:3). "Ninguém pode vir a mim", diz Cristo, "se o Pai, que me enviou, não o trouxer" (João 6:44). Portanto, a fé, que é vir a Cristo, é o resultado de um trazer divino.

A graça é a primeira e última causa motriz da salvação, e a fé, essencial como é, é apenas uma parte importante do mecanismo que a graça emprega. Somos salvos "*mediante* a fé", mas é "*pela* graça". Ressoem essas palavras como a trombeta do arcanjo: "pela graça vocês são salvos". A fé ocupa a posição de um canal ou tubo condutor. A graça é a nascente e o curso d'água: a fé é o aqueduto ao longo do qual a torrente de misericórdia flui para refrescar os filhos dos homens sedentos. É uma grande pena quando o aqueduto está quebrado. É uma triste visão ver ao redor de Roma os muitos imponentes aquedutos que não mais transportam água para a cidade, porque os arcos estão quebrados e as estruturas maravilhosas estão em ruínas. O aqueduto deve ser mantido inteiro para transportar o fluxo d'água; e, da mesma maneira, a fé

---

[1] Embora etimologicamente o nome "Deus" (*God* em inglês) não derive diretamente do verbo "dar" (*give*), Spurgeon pode estar fazendo uma conexão espiritual ou poética, não uma análise linguística literal. Ele estaria sugerindo que, em um sentido mais profundo, o significado e a função de Deus são sinônimos de dar.

deve ser verdadeira e sólida, levando diretamente a Deus e descendo até nós mesmos, para que possa se tornar um canal útil de misericórdia para nossas almas. Ainda assim, lembro novamente que a fé é o canal ou o aqueduto, e *não* a nascente; e não devemos olhar tanto para ela a ponto de exaltá-la acima da fonte divina de todas as bênçãos, que reside na graça de Deus. Nunca faça da sua *fé* um Cristo, nem pense nela como se fosse a fonte independente da sua salvação. Nossa vida é encontrada "olhando para *Jesus*" (Hebreus 12:2), não olhando para a nossa própria fé. Pela fé todas as coisas se tornam possíveis para nós (Marcos 9:23); no entanto, o *poder* não está na fé, mas no *Deus* em quem a fé confia.

A graça é a locomotiva, e a fé é a corrente pela qual o vagão da alma está preso à grande força motriz. A justiça da fé não é a excelência moral da fé, mas a justiça de *Jesus Cristo*, na qual a fé se agarra e da qual se apropria. A paz na alma não vem da contemplação da nossa própria fé, mas nos é dada por aquele que é a nossa paz (Efésios 2:14), pois a fé toca a orla de suas vestes, e dele emana poder para a alma (Lucas 8:43-48). Contudo, é muito importante que examinemos cuidadosamente este caminho e, com a capacitação do Espírito Santo, o consideraremos como Deus nos orientar. Fé: o que é? Fé: por que é selecionada como o canal de bênção? Fé: como pode ser obtida e aumentada?

I

Fé: o que é?

O que é essa fé sobre a qual se diz: "Pela graça vocês são salvos, mediante a fé"? Há muitas descrições da fé, mas quase todas as definições que encontrei me fizeram entendê-la menos do que eu a entendia antes de consultá-las.

Um homem simples, ao ler o capítulo, disse que iria explicá-lo — e é bem provável que o tenha confundido ainda mais, embora sua intenção fosse justamente esclarecê-lo. Assim também, irmãos e irmãs, podemos nos estender tanto tentando explicar a fé a ponto de torná-la incompreensível.

O que é fé? Ela é composta de três coisas: conhecimento, crença e confiança.

O conhecimento vem primeiro. Os teólogos romanistas sustentam que alguém pode crer naquilo que não conhece. Talvez um romanista possa, mas não eu. "Como crerão naquele de quem nada ouviram?" (Romanos 10:14). Quero ser *informado* de um fato antes que eu possa, possivelmente, crer nele. Eu creio nisso, eu creio naquilo; mas não posso dizer que creio em muitas coisas das quais nunca ouvi falar. "A fé vem pelo ouvir" (Romanos 10:17): primeiro precisamos *ouvir*, para que possamos saber o que é para ser crido. "Em ti confiarão os que conhecem o teu nome" (Salmos 9:10). Uma medida de conhecimento é essencial para a fé: daí a importância de se obter conhecimento. "Inclinem os ouvidos e venham a mim; ouçam, e a sua alma viverá" (Isaías 55:3) — tal foi a palavra do antigo profeta, e é a palavra do evangelho ainda. Examinem as Escrituras e aprendam o que o Espírito Santo ensina a respeito de Cristo e sua salvação. Procurem conhecer a Deus — "que Ele existe e que recompensa os que o buscam" (Hebreus 11:6). Que Ele lhes dê "o Espírito de conhecimento e de temor do SENHOR" (Isaías 11:4).

Conheçam o evangelho: conheçam quais são as boas-novas, como ele fala do perdão gratuito, e da mudança de coração, da adoção na família de Deus, e de inúmeras outras bênçãos. Conheçam a Deus, conheçam seu evangelho e conheçam principalmente Cristo Jesus, o Filho de Deus, o Salvador da humanidade, unido a nós por sua natureza humana e unido a Deus, visto que Ele é divino e, portanto, capaz de agir como Mediador entre Deus e o ser humano (1Timóteo 2:5), capaz de impor suas mãos sobre ambos, e de ser o elo entre o pecador e o Juiz de toda a terra. Esforcem-se para conhecer mais e mais de Cristo. Depois de convertido havia mais de vinte anos, Paulo diz aos filipenses que desejava conhecer Cristo (Filipenses 3:10); e podem ter certeza de que, quanto mais conhecermos Jesus, mais desejaremos conhecê-lo, para que nossa fé nele possa aumentar. Esforcem-se especialmente para conhecer a doutrina do sacrifício de Cristo, pois esse é o centro do alvo em que a fé mira; esse é o ponto em que a fé salvadora se fixa principalmente, que "Deus estava em Cristo reconciliando consigo o mundo, não levando em conta os pecados dos seres humanos" (2Coríntios 5:19). Saibam que Ele foi feito maldição por nós, como está escrito: "Maldito todo aquele que for pendurado no madeiro" (Gálatas 3:13). Bebam profundamente na doutrina da expiação substitutiva de Cristo, pois aí está o mais doce conforto possível para os filhos dos homens culpados, uma vez que o Senhor "[foi feito] pecado por nós, para que, nele, fôssemos feitos justiça de Deus" (2Coríntios 5:21). A fé, então, começa com o conhecimento; daí o valor de ser ensinado na verdade divina, pois conhecer Cristo é vida eterna (João 17:3).

Depois, a mente passa a crer que essas coisas são verdadeiras. A alma crê que Deus existe e que Ele ouve os clamores dos corações sinceros (Salmos 34:17, 18); que o evangelho é vindo de Deus; que a justificação pela fé é a grande verdade que Deus revelou nestes últimos dias, mais claramente do que antes, por seu Espírito (Romanos 3:28). Então o coração crê que Jesus é verdadeiramente e em verdade nosso Deus e Salvador, o Redentor dos seres humanos, o profeta, sacerdote e rei para seu povo. Caros ouvintes, oro para que vocês cheguem a isso imediatamente. Cheguem firmemente a crer que "o sangue de Jesus Cristo, o Filho amado de Deus, nos purifica de todo pecado" (1João 1:7); que seu sacrifício é completo e totalmente aceito por Deus em favor da humanidade, para que aquele que crê em Jesus não seja condenado.

Até agora, vocês avançaram em direção à fé, e mais um ingrediente é necessário para completá-la, que é a confiança. Entreguem-se ao Deus misericordioso; descansem sua esperança no evangelho gracioso; confiem sua alma ao Salvador que morreu e vive; lavem seus pecados no sangue expiatório; aceitem sua justiça perfeita, e tudo estará bem. A *confiança* é o sangue vital da fé: não há fé salvadora sem ela.

Os puritanos[2] estavam acostumados a explicar a fé pela palavra "recumbência"[3]. Vocês sabem o que isso significa: vocês me veem apoiado neste corrimão, apoiado com todo o meu peso sobre ele; dessa mesma forma, apoiem-se em Cristo. Seria uma ilustração ainda melhor se eu me estendesse ao máximo e repousasse todo meu corpo sobre uma rocha, deitando-me inteiramente sobre ela. Solte-se inteiramente sobre Cristo! Lance-se sobre Ele, descanse nele, entregue-se a Ele. Feito isso, você terá exercido a fé salvadora.

A fé não é algo cego, pois começa com o conhecimento. Não é algo especulativo, pois crê em fatos dos quais tem certeza. Não é algo impraticável, um devaneio, pois confia e aposta seu destino na verdade da revelação. A fé se fia totalmente na verdade de Deus; não

---

[2] Movimento surgido na Inglaterra nos séculos 16 e 17 entre calvinistas que procurava extirpar da Igreja Anglicana o que consideravam resquícios do catolicismo. Eles eram conhecidos por sua moralidade austera, por sua forte ênfase na leitura da Bíblia, na conversão pessoal, na vida espiritual fervorosa, e no trabalho e seu valor. Apesar de ser batista, Spurgeon foi chamado de "o último dos puritanos".

[3] De *recumbir*, i.e., estar encostado; recostar. No contexto puritano e na explicação de Spurgeon, "recumbência" ilustra a ideia de lançar todo o peso, toda a confiança e dependência em Jesus Cristo para a salvação. É um ato de entrega total, de descanso na obra consumada de Cristo, e não nas próprias obras ou méritos.

é uma palavra agradável de usar, mas o poeta a empregou, e sugere meu significado:

> Fiem-se nele, fiem-se por completo;
> Não deixem nenhuma outra confiança tomar-lhe o lugar.[4]

Essa é uma maneira de descrever o que é fé — fico me perguntando se já a "compliquei"!

Deixem-me tentar novamente: fé é crer que Cristo é o que se diz que Ele é, que Ele fará o que prometeu fazer, e esperar isso dele. As Escrituras apresentam Jesus Cristo como Deus, Deus em carne humana (João 3:16); perfeito em seu caráter (1Pedro 2:22); feito oferta pelo pecado em nosso favor (2Coríntios 5:21); carregando o pecado em seu próprio corpo no madeiro (1Pedro 2:24). As Escrituras o apresentam como aquele que deu fim à transgressão, extinguiu o pecado e estabeleceu a justiça eterna (Daniel 9:24). As Escrituras nos dizem ainda que Ele "ressuscitou" (1Coríntios 15:4), que "vive sempre para interceder por nós" (Hebreus 7:25), que Ele subiu à glória e tomou posse do céu em favor de seu povo (1Pedro 3:22), e que em breve voltará "para julgar o mundo com justiça e seu povo com equidade" (Salmos 98:9). Devemos crer firmemente que é assim mesmo; pois este é o testemunho de Deus Pai quando Ele disse: "Este é o meu Filho amado; escutem o que Ele diz!" (Marcos 9:7). Isto também é testificado por Deus, o Espírito Santo; pois o Espírito deu testemunho de Cristo, tanto pela Palavra quanto por diversos milagres (Hebreus 2:4), e por sua obra nos corações das pessoas (Romanos 8:16). Devemos crer que este testemunho é verdadeiro.

---

[4] *Come, ye sinners, poor and wretched* [Venham, pecadores, pobres e miseráveis], Joseph Hart, 1759.

A fé também crê que Cristo fará o que prometeu; que, se Ele prometeu não lançar fora ninguém que venha a Ele (João 6:37), é certo que Ele não nos lançará fora se a Ele formos. A fé crê que se Jesus disse: "a água que eu lhe der será nele uma fonte a jorrar para a vida eterna" (João 4:14), então é verdade; e se obtivermos esta água viva de Cristo, ela permanecerá em nós e brotará dentro de nós em torrentes de vida santa. Tudo o que Cristo prometeu fazer, Ele fará, e devemos crer nisso para buscar perdão, justificação, preservação e glória eterna de suas mãos, conforme Ele prometeu.

Então vem o próximo passo necessário: Jesus é o que dizem que Ele é, Jesus fará o que Ele diz que fará; portanto, cada um de nós deve confiar nele, dizendo: "Ele será para mim o que Ele diz que é, Ele fará por mim o que Ele prometeu fazer; entrego-me nas mãos daquele que foi designado para salvar, para que Ele me salve. Eu descanso na promessa de que Ele fará exatamente como disse". Esta é uma fé *salvadora*, e aquele que a possui tem vida eterna. Quaisquer que sejam seus perigos e dificuldades, quaisquer que sejam suas trevas e depressão, quaisquer que sejam suas fraquezas e pecados, aquele que crê assim em Cristo Jesus não é condenado, e nunca entrará em condenação. Que essa explicação seja de alguma utilidade. Eu confio que ela pode ser usada pelo Espírito de Deus.

Mas agora pensei que, já que esta é uma manhã muito quente e abafada, seria melhor dar-lhes uma série de ilustrações, para que ninguém se sinta propenso a dormir. Se alguém estiver sonolento, peço que seu vizinho ao lado dê uma leve cutucada nele — sem querer, é claro —, pois é melhor estarmos despertos enquanto estamos aqui, especialmente com um assunto como este em pauta. As ilustrações serão aquelas que têm sido comumente usadas, e talvez eu possa apresentar uma ou duas de minha autoria.

A fé existe em vários graus, de acordo com a quantidade de conhecimento ou outra causa. Às vezes, a fé é pouco mais do que um simples apego a Cristo: um senso de dependência e uma disposição para depender. Quando vocês estiverem na praia, como todos nós desejaríamos estar, verão as lapas[5] grudadas nas rochas. Se vocês se aproximarem silenciosamente até a rocha e darem um golpe rápido na lapa com sua bengala, ela se solta. Mas experimentem fazer o mesmo com a próxima lapa: vocês a alertaram — ela ouviu o golpe com que atingiu sua vizinha, e agora se agarra com toda a sua força. Vocês nunca vão arrancá-la dali! Podem golpear várias vezes, mas será mais fácil quebrar a rocha.

Nossa pequena amiga, a lapa, não conhece muita coisa, mas ela se agarra. Ela não pode nos dizer muito sobre o que ela está se agarrando; ela não tem familiaridade com a formação geológica da rocha, mas ela se agarra. Ela encontrou algo para se agarrar, esse é seu pequeno pedaço de conhecimento, e ela o usa se agarrando à rocha de sua salvação; a vida da lapa é se agarrar. Milhares do povo de Deus não têm mais fé do que isso; eles sabem o suficiente para se agarrar a Jesus com todo o seu coração e alma, e isso basta. Jesus Cristo é para elas um Salvador forte e poderoso, como uma rocha imóvel e imutável; elas se apegam a Ele desesperadamente por suas vidas, e esse apegar-se as *salva*.

Deus dá ao seu povo a propensão a se agarrar. Prestem atenção na ervilha-de-cheiro que cresce em sua horta. Talvez ela tenha caído no caminho de pedregulhos. Levantem-na contra o loureiro ou a treliça, ou coloquem um pedaço de galho perto dela, e ela se agarra imediatamente, porque há pequenos ganchos prontos, com os quais ela agarra qualquer coisa que apareça em seu caminho: ela foi feita para crescer para cima, e por isso é provida de gavinhas. Cada filho de Deus tem

---

[5] Tipo de molusco que se prende firmemente às rochas em áreas costeiras.

suas gavinhas ao seu redor — pensamentos, desejos e esperanças com os quais ele se prende a Cristo e à promessa.

Embora este seja um tipo muito simples de fé, é uma forma muito completa e eficaz dela, e, de fato, é o coração de toda fé, e aquilo a que somos frequentemente levados quando estamos em grandes apuros, ou quando nossa mente está um tanto confusa por estarmos doentes ou deprimidos em espírito. Podemos nos *agarrar* quando não podemos fazer mais nada, e essa é a própria alma da fé.

Ó pobre coração! Se você ainda não sabe tanto sobre o evangelho quanto gostaríamos que soubesse, apegue-se ao que você sabe. Se ainda é apenas como um cordeiro que caminha um pouco no rio da vida, e não como o Leviatã, que agita o poderoso abismo até o fundo, ainda assim beba; pois é beber, e não mergulhar, que salvará você. Agarre-se, então! Agarre-se a Jesus, pois isso é fé!

Outra forma de fé é aquela em que o homem confia em outro por reconhecer sua superioridade, e o segue. Não acho que a lapa saiba muito sobre a rocha, mas nesta próxima fase da fé há mais conhecimento. Um cego confia-se a seu guia porque sabe que seu amigo pode ver e, confiando, ele anda por onde seu guia o conduz. Se a pobre pessoa nasce cega, ela não sabe o que é visão; mas sabe que existe algo como visão, e que seu amigo a possui, e, portanto, ela livremente coloca sua mão na mão daquele que vê, e segue sua liderança. Esta é a melhor imagem de fé que podemos ter. Sabemos que Jesus tem sobre si mérito, poder e bênção que não possuímos e, por isso, confiamos alegremente nele, e Ele nunca trai nossa confiança.

Todo menino que vai à escola tem que exercer fé enquanto aprende. Seu professor lhe ensina geografia e a instrui sobre a forma da terra, e a existência de certas grandes cidades e impérios. A criança não sabe que essas coisas são verdadeiras, a não ser que ela creia em seu professor e nos livros postos em suas mãos. É isso que vocês terão que fazer com Cristo se quiserem ser salvos: vocês devem conhecer as coisas apenas porque Ele lhes diz, e crer porque Ele lhes assegura que é desse jeito, e confiarem-se a Ele, pois Ele lhes promete que a salvação será o resultado.

Quase tudo o que vocês e eu sabemos nos chegou por meio da fé. Uma descoberta científica é feita, e temos certeza dela. Baseados em que cremos nisso? Com base na autoridade de certos estudiosos bem conhecidos, cuja reputação é consolidada. Nunca fizemos nem vimos seus experimentos, mas cremos em seu testemunho. Assim vocês devem fazer com relação a Cristo: porque Ele lhes ensina certas verdades, vocês devem ser discípulos dele, e crer em suas palavras, e confiar nele. Ele é infinitamente superior a vocês, e se apresenta à sua confiança como seu Mestre e Senhor. Se vocês o receberem e aceitarem suas palavras, vocês serão salvos.

Outra e mais elevada forma de fé é aquela que cresce a partir do amor. Por que um menino confia em seu pai? Você e eu sabemos um pouco mais sobre seu pai do que ele, e não confiamos nele tão cegamente; mas a razão pela qual o filho confia em seu pai é porque o ama. Benditos e felizes são aqueles que têm uma doce fé em Jesus, entrelaçada com profunda afeição por Ele. Eles ficam encantados com seu caráter e com sua missão; são levados pela bondade amorosa que Ele manifestou, e agora, porque o admiram, o reverenciam e o amam muito, não podem deixar de confiar nele.

É difícil fazer alguém duvidar de uma pessoa a que ama. Se, por fim, vocês forem levados a isso, então vem a terrível paixão do ciúme, que é forte como a morte e cruel como a sepultura — mas até que tal esmagamento do coração aconteça, o amor é todo confiança e segurança.

O caminho da confiança amorosa no Salvador pode ser assim ilustrado: uma senhora é a esposa do médico mais eminente de sua época.

Ela é acometida por uma doença perigosa e é derrubada por sua força; no entanto, ela está maravilhosamente calma e quieta, pois seu marido se especializou no estudo dessa doença, e curou milhares de pessoas afligidas de forma semelhante. Ela não está nem um pouco perturbada, pois se sente perfeitamente segura nas mãos de alguém tão querido para ela, em quem habilidade e amor estão misturados em suas formas mais elevadas. Sua fé é razoável e natural — seu marido, sob qualquer aspecto, merece isso dela.

Esse é o tipo de fé que os crentes mais felizes exercem em relação a Cristo. Não há médico como Ele; ninguém pode salvar como Ele salva; nós o amamos, e Ele nos ama, e, portanto, nos colocamos em suas mãos, aceitamos tudo o que Ele prescreve e fazemos tudo o que Ele manda. Temos certeza de que nada será mal conduzido enquanto Ele for o guia de nossas vidas, pois Ele nos ama demasiadamente para nos deixar perecer ou sofrer uma única dor desnecessária.

A fé também nos faz perceber a presença do Deus vivo e Salvador e, gerando na alma uma bela calma e tranquilidade, como a que foi vista em uma criancinha durante uma tempestade. Sua mãe ficou alarmada, mas a doce menina estava feliz; ela bateu palmas de alegria. De pé na janela quando os clarões vieram mais vividamente, ela gritou em um modo de falar infantil:

— Olha, mamãe! Que lindo! Que lindo!

Sua mãe disse:

— Minha querida, saia daí, o relâmpago é terrível

Ela, contudo, implorou para que lhe permitisse olhar para fora e ver a linda luz que Deus estava fazendo em todo o céu, pois ela tinha certeza de que Deus não faria mal à sua filhinha.

— Mas ouça o terrível trovão — disse sua mãe.

— Você não disse, mamãe, que Deus estava falando no trovão?

— Sim — disse sua mãe, trêmula.

Ah, — disse a pequena — como é bom ouvi-lo. Ele fala muito alto, mas acho que é porque Ele quer que os surdos o ouçam. Não é, mamãe?

Assim ela continuou falando; ela estava tão alegre quanto um pássaro, pois Deus era *real* para ela, e ela confiava nele. Para ela, o relâmpago era a bela luz de Deus, e o trovão era a voz maravilhosa dele, e ela estava feliz.

Ouso dizer que sua mãe sabia muito sobre as leis da natureza e a energia elétrica — e pouco era o conforto que *seu* conhecimento lhe trazia. O conhecimento da criança era menos ostentoso, mas era muito mais certo e precioso. Somos tão presunçosos hoje em dia que somos orgulhosos demais para sermos confortados por verdades evidentes, e preferimos nos tornar miseráveis com teorias questionáveis. Thomas Hood cantou uma profunda verdade espiritual quando disse alegremente:

> Eu me lembro, eu me lembro
> Dos pinheiros altos e escuros;
> Eu pensava que suas esguias copas
> Ficavam bem próximas do céu.
> Era uma ingenuidade pueril,
> Mas agora, a alegria é pouca
> Em saber que estou mais longe do céu.
> Do que quando era menino.[6]

De minha parte, prefiro ser criança novamente a me tornar perversamente sábio. Fé é ser uma criança em direção a Cristo, crendo nele

[6] Thomas Hood (1799-1845) foi um poeta, romancista, ensaísta, comediógrafo, editor, literato e gravador inglês.

como uma pessoa real e presente, neste exato momento perto de nós, e pronto para nos abençoar. Isso pode parecer uma fantasia infantil; mas é a tal infantilidade que todos nós devemos chegar, se quisermos ser felizes no Senhor. "Se vocês não se converterem e não se tornarem como crianças, de maneira nenhuma entrarão no reino dos céus" (Mateus 18:3). A fé aceita a palavra de Cristo sem questionar, como uma criança crê em seu pai, e confia nele com profunda simplicidade — quanto ao passado, presente e futuro. Que Deus nos dê tal fé!

Uma fé firme surge do conhecimento seguro. Ela vem do crescimento na graça, e é a fé que crê em Cristo porque o conhece; ela confia nele pois provou que Ele é infalivelmente fiel. Esta fé não pede sinais e indícios, mas crê intrepidamente. Observem a fé do capitão experiente — muitas vezes fiquei admirado com ela! Ele solta as amarras, e navega para longe da costa. Por dias, semanas ou mesmo meses, não vê navio nem terra, mas segue dia e noite sem medo; até que, em certa manhã, encontra-se bem em frente ao porto desejado, para o qual estava navegando. Como ele encontrou seu caminho sobre a profundeza do oceano sem trilhas? Ele confiou em sua *bússola*, em seu *almanaque náutico*[7], em sua *ampulheta*[8] e nos corpos celestes, e obedecendo à orientação deles, sem avistar a costa, manteve o curso com tal precisão que não precisou alterar nem um grau para chegar ao porto. É algo extraordinário tal navegação sem nenhuma visão.

Espiritualmente, é uma bênção deixar as praias da visão e dizer: "Adeus às emoções íntimas, providências animadoras, sinais,

[7] Publicação que descreve as posições de um certo número de corpos celestes com o propósito de permitir que os navegadores usem a navegação celestial para determinar a posição de seus navios no mar.

[8] Uma ampulheta náutica se refere ao antigo instrumento usado para medir (ou antes, estimar) o tempo.

indícios e assim por diante: eu creio em Deus e me guio ao céu diretamente". "Bem-aventurados são os que não viram e creram" (João 20:29) — a eles será amplamente concedida, no fim, uma entrada abundante no reino eterno, e, no caminho, uma viagem segura pelo caminho.

Esta é a fé que nos leva a confiar facilmente nossa alma e todos os seus interesses eternos aos cuidados do Salvador. Um homem vai ao banco e deposita seu dinheiro nele com uma medida de confiança; mas outro, tendo examinado os registros do banco, investigado suas operações e verificado que possui amplas reservas de capital bem investido, deposita seu dinheiro com total segurança. Seu conhecimento solidificou sua fé, e então ele alegremente entrega tudo o que tem ao banco. Do mesmo modo, nós que conhecemos Cristo, estamos felizes em colocar todo o nosso ser em suas mãos, certos de que Ele é poderoso para nos guardar até o fim (Judas 1:24).

Deus nos dê cada vez mais uma confiança plena em Jesus, até que se torne uma fé inabalável, para que nunca duvidemos, mas creiamos inquestionavelmente. Observem o lavrador: ele trabalha com seu arado nos meses de inverno, quando não há uma só folha nas árvores, nem um pássaro que cante para animá-lo; e depois de arar, ele pega o precioso grão do celeiro, do qual talvez ele não tenha o suficiente, e o deposita nos sulcos, certo de que ele vai crescer novamente. Como já presenciou cinquenta colheitas, aguarda a próxima sem dúvida, e em fé lança o precioso grão.

Aos olhos humanos, a coisa mais absurda que um homem pode fazer é jogar fora o bom grão, enterrando-o na terra. Se você nunca viu ou ouviu falar dos resultados, pareceria desperdício, e não trabalho agrícola; no entanto, o lavrador não tem dúvidas: ele anseia por poder lançar suas sementes. Com fé, ele até deseja bom tempo para poder semear seu cereal; e se você lhe disser que ele está fazendo uma coisa absurda, ele sorrirá da sua ignorância, e lhe dirá que é assim que as colheitas vêm.

Esta é uma imagem justa da fé que cresce com a *experiência*: ela nos ajuda a agir de uma maneira contrária às expectativas; ela nos leva a entregar tudo o que temos aos cuidados de Cristo, enterrando nossas esperanças e nossas próprias vidas com Ele em alegre confiança de que, se estivermos mortos com Ele, também com Ele viveremos (2Timóteo 2:11). Jesus Cristo, que ressuscitou dos mortos, nos ressuscitará por meio de sua morte para uma vida nova (Romanos 6:4), e nos dará uma colheita de alegria e de paz.

Entreguem tudo nas mãos de Cristo, e receberão de volta uma medida transbordante (Lucas 6:38,39). Que possamos ter uma fé tão forte que, assim como não temos dúvidas sobre o nascer e o pôr do sol, nunca duvidemos da obra do Salvador por nós em cada hora de necessidade. Já confiamos em nosso Senhor e nunca fomos confundidos; portanto, continuemos a confiar nele cada vez mais plenamente; pois nossa fé nele nunca poderá superar o quanto Ele merece. Tenham fé em Deus, e, então, ouçam Jesus dizer: "vocês creem em Deus, creiam também em mim" (João 14:1).

II

Até aqui fiz o meu melhor para responder o que é fé; agora investigaremos : *por que a fé foi selecionada como o canal da salvação?*

"Pela graça vocês são salvos, mediante a fé". Convém sermos modestos ao responder tal pergunta, pois os caminhos de Deus nem sempre podem ser compreendidos; mas, tanto quanto nos é dado entender, a fé foi eleita como o canal da graça porque há nela uma adaptação natural para ser seu canal receptivo.

Suponhamos que eu esteja prestes a dar uma esmola a um pobre: eu a coloco em sua mão — por quê? Bem, dificilmente seria adequado colocá-la em seu ouvido, ou colocá-la sobre seu pé; a mão parece feita exatamente para *receber*. Do mesmo modo a fé, em sentido espiritual, foi criada especificamente para ser *receptora*: ela é como a mão da alma, e há uma adequação em conceder a graça por seu intermédio.

Deixem-me colocar isso de modo bem simples: a fé que recebe Cristo é um ato tão simples quanto quando seu filho recebe uma *maçã* de você, porque você a mostra e promete dar-lhe a maçã se ele vier buscá-la. A crença e o recebimento se relacionam apenas a uma maçã, mas constituem precisamente o mesmo ato que a fé que lida com a salvação eterna, e o que a *mão* da criança é para a maçã, a sua *fé* é para a salvação perfeita de Cristo. A mão da criança não *cria* a maçã, nem *altera* a maçã — ela apenas a *recebe*. E a fé é escolhida por Deus para ser a receptora da salvação, porque ela não pretende criar a salvação, nem ajudar nela, mas *recebê-la*.

A fé, novamente afirmamos, foi sem dúvida escolhida porque dá toda a glória a Deus. É pela fé para que possa ser mediante a graça, e é pela graça para que não possa haver nenhuma vanglória; pois Deus não pode suportar o orgulho. Paulo diz: "não vem de obras, para que ninguém se glorie" (Efésios 2:9). A mão que recebe caridade não diz: "Devo ser agradecida por aceitar a dádiva" — isso seria um absurdo! Quando a mão leva o pão à boca, ela não diz ao corpo: "Agradeça-me, pois eu o alimento". É uma coisa muito simples que a mão faz, embora seja uma coisa muito necessária; mas ela jamais se arroga glória para si pelo que faz. Assim, Deus escolheu a fé para receber a dádiva indizível de sua graça porque ela não pode tomar para si qualquer crédito, mas deve adorar o Deus gracioso que é o doador de todo o bem.

Em seguida, Deus escolhe a fé como o canal de salvação porque é um método seguro, que liga o ser humano a Deus. Quando o homem confia em Deus, há um ponto de união entre ambos, e essa união garante a bênção. A fé nos salva porque nos faz agarrar-nos a Deus e, assim, nos coloca em conexão com Ele.

Já usei a seguinte ilustração antes, mas devo repeti-la, porque não consigo pensar em uma melhor. Conta-se que, anos atrás, acima das Cataratas do Niágara[9], um barco virou, e dois homens estavam sendo arrastados pela correnteza. Pessoas na margem conseguiram lançar uma corda, que foi agarrada por eles. Um deles a segurou firme e foi puxado com segurança para a margem; o outro, porém, vendo um grande tronco flutuando, imprudentemente largou a corda e agarrou-se a ele, pois era maior que a corda, e aparentemente, melhor para se agarrar. Infelizmente, o tronco (e o homem agarrado a ele) foi direto para o vasto abismo, porque não havia qualquer "união" entre o tronco e a margem. O tamanho do tronco não lhe trouxe nenhum benefício; era necessária uma *conexão* com a terra firme para haver salvação.

Assim também acontece quando o homem confia em suas obras, ou em sacramentos, ou em qualquer outra coisa semelhante: ele não será salvo, pois não há união entre ele e Cristo. Mas a fé, ainda que pareça uma corda fina, está nas mãos do grande Deus, do lado da margem; e o poder infinito puxa essa linha de conexão, resgatando o homem da destruição. Oh, quão bendita é a fé, porque ela nos une a Deus!

A fé é escolhida, ainda, porque toca a fonte das *ações*. Eu me pergunto se estarei errado se disser que nada fazemos, exceto por meio de algum tipo de fé. Se eu ando de um lado para o outro desta plataforma,

---

[9] São um grupo de três cataratas no extremo sul do desfiladeiro do rio Niágara, abrangendo a fronteira entre a província de Ontário, no Canadá, e o estado de Nova York, nos Estados Unidos.

é porque creio que minhas pernas me sustentarão. Um homem se alimenta come porque crê na necessidade do alimento. Colombo descobriu a América porque cria que havia outro continente além do oceano — muitos outros grandes feitos também nasceram da fé, pois ela faz maravilhas!

Até mesmo as coisas mais simples realizam-se segundo esse mesmo princípio — a fé, em sua forma natural, é uma força universal. Deus concede a salvação por meio da nossa fé porque Ele tocou, assim, a fonte secreta de todas as nossas emoções e ações. Ele, por assim dizer, apossou-se da bateria, e agora pode enviar a corrente sagrada para cada parte de nossa natureza.

Quando cremos em Cristo, e o coração é possuído por Deus, então somos salvos do pecado, e somos impelidos ao arrependimento, à santidade, ao zelo, à oração, à consagração e toda a obra da graça.

A fé, além disso, tem o poder de operar pelo *amor*; ela toca a fonte secreta das afeições e atrai o coração para Deus. A fé é um ato do entendimento; mas também procede do coração. "Com o coração se crê para a justiça" (Romanos 10:10) e, por isso, Deus concede salvação por meio da fé porque ela reside nas cercanias dos afetos e é parente próxima do amor, e o amor, vocês sabem, é o que purifica a alma. O amor a Deus é obediência! O amor é santidade! Amar a Deus e amar ao próximo é ser conformado à imagem de Cristo, e isso é salvação!

Além disso, a fé produz paz e alegria. Aquele que a tem descansa, está tranquilo, é alegre e feliz; e isso é uma preparação para o céu. Deus dá todos os dons celestiais à fé, porque a fé opera em nós a própria vida e espírito que devem ser eternamente manifestados no mundo superior e melhor.

Apressei-me nesses pontos para não cansar vocês em um dia em que, embora o espírito esteja disposto, a carne é fraca (Mateus 26:41).

III

Encerramos com o terceiro ponto: *como podemos obter e aumentar nossa fé*?

Uma pergunta muito séria para muitos. Alguns dizem que querem crer, mas não conseguem. Muita bobagem é dita sobre este assunto. Sejamos práticos ao lidar com ele. "O que devo fazer para crer?" O caminho mais direto é crer, e se o Espírito Santo o tornou honesto e sincero, você crerá assim que a verdade lhe for apresentada. De qualquer forma, o mandamento do evangelho é claro: "Creia no Senhor Jesus e você será salvo" (Atos 16:31).

Contudo, se você houver dificuldade, leve-a diante de Deus em oração. Diga ao grande Pai exatamente o que o intriga, e implore a Ele por seu Espírito Santo para resolver a questão. Se eu não consigo aceitar como verdadeira uma afirmação em um livro, fico feliz em perguntar ao autor o que ele quis dizer; e se ele for honesto, sua explicação me satisfará. Quanto o mais a explicação divina satisfará o coração daquele que busca com sinceridade! O Senhor deseja se revelar; vá até Ele e veja se não é assim.

Além disso, se a fé parece difícil, é possível que Deus, o Espírito Santo, capacite vocês a crerem se ouvirem com muita frequência e sinceridade aquilo em que lhes é ordenado crer. Cremos em muitas coisas porque as ouvimos com muita frequência. Vocês não acham isso na vida comum, que se vocês ouvem uma coisa cinquenta vezes por dia, finalmente vocês passam a crer nela? Alguns passaram a crer no que é *falso* por esse processo; porém, eu não me surpreenderia se Deus frequentemente abençoasse esse método em operar a fé a respeito do que é verdadeiro, pois está escrito: "A fé vem pelo ouvir" (Romanos 10:17). Se eu ouvir o evangelho com sinceridade e atenção, pode ser que um dia desses eu me encontre crendo no que ouço, por meio da operação bendita do Espírito em minha mente.

Se isso, no entanto, parecer um conselho ruim, eu acrescentaria em seguida: considerem o testemunho de outros. Os samaritanos creram por causa do que a mulher lhes disse sobre Jesus (João 4:39). Muitas de nossas crenças surgem do testemunho de outros. Creio que existe um país como o Japão: nunca o vi, e ainda assim creio que existe um lugar assim porque outros estiveram lá. Creio que morrerei: nunca morri, mas muitos que conheci morreram, e tenho a convicção de que também morrerei; o testemunho de muitos me convence desse fato. Ouçam, então, aqueles que lhes contam como foram salvos, como foram perdoados, como seus caráteres foram transformados: se vocês apenas ouvirem, descobrirão que alguém como vocês foi salvo.

Se você foi um ladrão, descobrirá que um ladrão se alegrou em lavar seu pecado na fonte do sangue de Cristo. Você que foi impuro na vida, descobrirá que pessoas que caíram dessa maneira foram purificadas e transformadas. Se você está em desespero, só precisa se juntar ao povo de Deus e perguntar um pouco, e alguns que estiveram igualmente desesperados como você lhe contarão como Ele os salvou. Ao ouvir um após o outro daqueles que experimentaram a Palavra de Deus e a provaram, o Espírito divino o levará a crer.

Vocês não ouviram falar do africano a quem o missionário disse que a água às vezes ficava tão dura que uma pessoa podia andar sobre ela? Ele declarou que cria em muitas coisas que o missionário lhe havia dito, mas ele nunca creria *naquilo*! Quando chegou à Inglaterra, aconteceu que, em um dia gelado, ele viu o rio congelado, mas não se aventurou nele. Ele sabia que era um rio e tinha certeza de que se afogaria caso se aventurasse nele. Ele não pôde ser convencido a andar no gelo até que seu amigo o fizesse; então ele foi persuadido e teve coragem de ir aonde outros tinham se aventurado. Então, talvez, enquanto vocês veem os outros crerem e percebem sua alegria e paz, vocês mesmos serão gentilmente levados a crer. É uma das maneiras de Deus nos ajudar a ter fé.

Um plano ainda melhor é este: observem a autoridade sobre a qual vocês são ordenados a crer, e isso os ajudará muito. A autoridade não é minha, ou vocês podem rejeitá-la. Nem mesmo é do Papa, ou vocês podem rejeitar até ela. Mas vocês são ordenados a crer sobre a autoridade do próprio Deus. Ele ordena que vocês creiam em Jesus Cristo, e vocês não devem se recusar a obedecer ao seu Criador.

O encarregado de certas obras no norte tinha ouvido o evangelho com frequência, mas estava angustiado, com medo de que, talvez, ele não conseguisse ir a Cristo. Um dia, seu bondoso patrão enviou um bilhete até as obras: "Venha à minha casa imediatamente após o trabalho". O encarregado apareceu na porta de seu patrão, e ele saiu e disse de forma um tanto ríspida: "O que você quer, John, me importunando a essa hora? O trabalho terminou; por que você acha que tem o direito de vir aqui?" "Senhor", disse ele, "recebi um bilhete seu dizendo que eu deveria vir depois do trabalho". "Você quer dizer que só porque recebeu um bilhete meu, você devia vir até minha casa e me chamar depois do horário comercial?" "Bem, senhor", respondeu o encarregado, "não o entendo, mas me parece que, como o senhor me chamou, eu tinha o direito de vir". "Entre, John", disse seu patrão, "tenho outra mensagem que quero ler para você", e ele se sentou e leu estas palavras: "*Venham a mim todos vocês que estão cansados e sobrecarregados, e eu os aliviarei*" (Mateus 11:28). "Você acha que, depois de tal mensagem de Cristo, você pode estar errado em ir a Ele?" O pobre homem entendeu tudo imediatamente, e creu, porque entendeu que ele possuía uma base e autoridade sólidas para crer. Você também possui, pobre alma! Você possui uma autoridade sólida para ir a Cristo e entregar-se a Ele, pois o próprio Senhor ordena que você confie nele.

Se isso não acalmá-lo, reflita no que você tem que crer: que o Senhor Jesus Cristo sofreu no lugar do ser humano, e é capaz de salvar todos os que confiam nele. Ora, este é o fato mais bendito que já foi dito para a humanidade crer: a verdade de Deus mais propícia, mais reconfortante, mais divina que já foi apresentada aos seres humanos. Eu aconselho você a pensar muito sobre isso, e a buscar a graça e o amor que ela contém. Estude os quatro evangelistas, estude as epístolas de Paulo, e então veja se a mensagem não é tão convincente a ponto de você se sentir levado a crer nela.

Se isso não bastar, então pense na pessoa de Jesus Cristo — pense em quem Ele é e em que Ele fez, e em *onde* Ele está agora, e em *o que* Ele é agora; pense com frequência e profundamente. Quando Ele, sendo quem Ele é, ordena que você confie nele, certamente seu coração será persuadido. Como você pode duvidar dele?

Se nenhuma dessas coisas adiantar, então há algo completamente errado com você, e minha última palavra é: sujeite-se a Deus! Que o Espírito de Deus remova sua inimizade e faça você ceder. Você é um rebelde, um rebelde orgulhoso, e é por isso que você não crê em seu Deus. Desista de sua rebelião! Jogue fora suas armas! Ceda à prudência! Renda-se ao seu Rei! Acredito que nunca uma alma levantou as mãos em desespero e clamou: "Senhor, eu me rendo", sem que a fé tenha se tornado algo fácil para ela em pouco tempo. É porque você ainda tem uma rixa com Deus e pretende ter sua própria vontade e seu próprio caminho, que, portanto, não consegue crer. "Como podem crer", disse Cristo, "vocês que aceitam glória uns dos outros?" (João 5:44). O ego orgulhoso cria a descrença. Sujeite-se! Renda-se ao seu Deus, e então você crerá docemente em seu Salvador!

Deus abençoe vocês, por amor a Cristo, e os leve neste exato momento a crer no Senhor Jesus. Amém!

SERMÃO PROFERIDO EM 1881

2

A FÉ MADURA

E Ele continuou: "Pegue o seu filho, seu único filho, Isaque, a quem você ama, e vá à terra de Moriá. Ali, ofereça-o em holocausto, sobre um dos montes, que eu lhe mostrar".

GÊNESIS 22:2

NÃO pretendo abordar esta narrativa em sua relação com nosso Senhor, embora tenhamos aqui um dos tipos mais famosos do Unigênito, a quem o Grande Pai ofereceu pelos pecados de seu povo. Talvez esse possa ser o assunto desta noite. Mas como eu, como alguns de vocês se lembram, já preguei três sermões sobre a vida de Abraão, ilustrando seu chamado eficaz, sua justificação e sua consagração ao Senhor, agora completaremos a série nos detendo no triunfo da fé de Abraão, quando sua vida espiritual chegou ao ponto mais alto da maturidade.

Abrindo suas Bíblias neste capítulo, observem, por favor, o momento em que Deus tentou Abraão com a mais severa de suas muitas provações. Foi "depois destas coisas", isto é, depois de nove grandes provações[1], cada uma delas mais profunda e notável do que as anteriores. Depois de ter passado por um grande conflito de aflição, e ter sido fortalecido e santificado por meio do processo, ele foi chamado a suportar um teste ainda mais severo. Desse fato podemos aprender que Deus não coloca fardos pesados sobre ombros fracos, nem designa provações próprias apenas para pessoas adultas àqueles que ainda são crianças.

Ele educa nossa fé, testando-a com provações, que aumentam pouco a pouco na proporção em que nossa fé cresce. Somente quando deixamos a infância espiritual e atingimos "a estatura de varão perfeito em Cristo Jesus" (Efésios 4:14), é que Ele espera que ajamos como adultos e suportemos as aflições de adultos.

Esperem então, amados e amadas, que suas provações se multipliquem à medida que vocês avançam em direção ao céu. Não pensem que, à medida que vocês crescem na graça, o caminho se tornará mais suave sob seus pés e os céus se tornarão mais serenos acima de suas cabeças. Pelo contrário, considerem que, quanto maior for a habilidade que Deus vos der como soldados, mais árduas serão as missões que Ele vos confiará; e à medida que Ele prepara mais plenamente a sua embarcação para enfrentar a tempestade e a tormenta, Ele os enviará para mares mais turbulentos e viagens mais longas, para que vocês possam honrá-lo, e aumentar ainda mais sua santa confiança.

Vocês pensariam que Abraão havia chegado à terra de Beulá[2], que em sua velhice, após o nascimento de Isaque e especialmente após a

---

1 As nove provações de Abraão antes da de Isaque estão em Gênesis 12:1; 12:10; 12:11-20; 14; 16; 17:10-27; 18:22, 23; 21:9-21 e 21:22-34.

2 "[Terra de] Beulá" é um termo que se encontra em Isaías 62:4 como futuro nome que seria dado à terra dos hebreus. Foi usado pelos cristãos puritanos britânicos para se referir ao céu.

expulsão de Ismael (Gênesis 21:9-14), ele teria tido um tempo de descanso perfeito. Mas que isso nos sirva de aviso: nunca devemos contar com o descanso da tribulação deste lado do túmulo. Não, o clarim ainda soa a nota da guerra.

Vocês ainda não podem se sentar e colocar a grinalda da vitória em suas cabeças; para vocês, ainda não há guirlandas de louros e canções de vitória[3]; vocês ainda têm que usar o capacete e portar a espada (Efésios 6:17), e vigiar, e orar (Mateus 26:41), e lutar, esperando que, talvez, sua última batalha seja a pior, e que o ataque mais feroz do inimigo possa ser reservado para o fim do dia.

Tendo assim considerado o tempo em que Deus se agradou de provar o grande modelo daqueles que creem, agora olharemos para a provação em si; veremos, em seguida, o comportamento de Abraão sob ela; e, por fim, dedicaremos um pouco de tempo observando a recompensa que lhe veio como resultado de sua perseverança.

I

E primeiro, *a provação em si.*

Cada sílaba do texto é significativa. Se George Herbert[4] estivesse falando dele, ele diria que as palavras são todas um estojo de facas cortando a alma de Abraão. Quase não há uma única sílaba do discurso de Deus a ele, na abertura desta provação, que não parece destinada a ferir o patriarca no âmago. Vejam: "Toma agora o teu filho". O quê! Um

---

[3] Na Grécia e Roma clássicas, formas de premiação e enaltecimento de vencedores de batalhas, de competições de poesia e de jogos olímpicos.

[4] George Herbert (1593-1633) foi um poeta, orador e sacerdote galês da Igreja Anglicana. Ele é reconhecido como um dos principais hinólogos britânicos de sua época.

pai matar seu filho? Não havia nada na tenda de Abraão que Deus quisesse, exceto seu filho? Ele alegremente lhe daria enormes sacrifícios de bois e rebanhos de ovelhas. Toda a prata e o ouro que ele possuía, ele teria generosamente derramado da bolsa com desejosa alegria. Nada contentará o Senhor, senão o filho de Abraão?

Se algum ser humano precisasse ser oferecido, por que não Eliézer de Damasco, o mordomo de sua casa? (Gênesis 15:2) Tinha de ser seu filho? Como isso fere as fibras mais íntimas do coração paterno! Seu filho, o fruto de suas próprias entranhas, deveria ser oferecido em holocausto? Deus não se satisfaria com qualquer outra prova de sua obediência, a não ser a entrega do fruto de seu corpo?

A palavra "único" torna-se particularmente enfática pelo fato de Ismael ter sido exilado por ordem de Deus. Para grande tristeza de Abraão, o filho de Hagar havia sido expulso. "Mande embora essa escrava e o filho dela, porque o filho dessa escrava não será herdeiro com o meu filho Isaque" (Gênesis 21:9), assim disse Sara; e Deus ordenou ao patriarca que atendesse à voz de sua esposa, de modo que agora Isaque era seu único filho. Se Isaque morresse, não restaria nenhum outro descendente, nem qualquer possibilidade de outro sucessor; a luz de Abraão se apagaria, e seu nome seria esquecido. Sara era muito idosa, ele próprio já em idade avançada, nenhum choro de criança alegraria novamente sua tenda; Isaque era seu único filho, uma estrela solitária na noite, a única lâmpada de sua velhice.

E isso não é tudo: "Seu único filho, Isaque". Que multidão de memórias essa palavra "Isaque" despertou na mente de Abraão. Este era o filho da promessa, de uma promessa graciosamente dada, de uma promessa cujo cumprimento era ansiosamente esperado, mas muito, muito, muito adiado. Isaque, que fez os corações de seus pais rirem, o filho da aliança, o filho em quem todas as esperanças do pai se centravam, pois lhe tinha sido assegurado que "por meio de Isaque será chamada a sua descendência" (Gênesis 231:12).

Quê? Depois de tudo isso, a dádiva de Deus seria retirada? A aliança de Deus seria anulada, e o canal das bênçãos prometidas secaria para sempre? Oh, provação das provações! "Seu filho", "seu único filho", "seu único filho, Isaque". No entanto, foi adicionado: "a quem você ama". Seria necessário lembrá-lo de seu amor por seu herdeiro justamente no momento em que estava prestes a perdê-lo? Oh, palavra severa, que parece não ter profunda compaixão! Não bastaria levar embora o ente querido, sem ao mesmo tempo despertar os sentimentos que seriam tão cruelmente golpeados?

Isaque era muito justamente amado por seu pai, pois além dos laços naturais e de ser uma dádiva da graça de Deus, o caráter de Isaque era muito amável. Seu comportamento na ocasião de seu sacrifício prova que em seu espírito havia uma abundância de humildade, obediência, resignação e gentileza, de fato, de tudo o que pode compor a beleza da santidade; e tal caráter tinha certeza de ter conquistado a admiração de seu pai Abraão, cujos olhos espirituais eram bem qualificados para discernir as excelências que brilhavam em seu filho amado.

Ah, por que Isaque deveria morrer? E morrer, como se não bastasse, pelas mãos de seu próprio pai! Oh, provação das provações! A imaginação contemplativa e a emoção solidária podem descrever melhor a dor do pai do que quaisquer palavras que esteja em meu poder usar. Lanço um véu de silêncio onde não consigo retratar com exatidão a cena.

Porém, observem: não apenas este pai terno perderia o melhor dos filhos, mas ele o perderia da maneira mais terrível. Ele deveria ser sacrificado, e sacrificado pelo próprio pai. Se o Senhor tivesse dito: "Fale com Eliézer, e encarregue-o de oferecer seu filho", isso teria suavizado a provação; mas, até onde Abraão conseguia entender a ordem, parecia dizer: "Você, Abraão, você deve ser o sacerdote; sua própria mão deve segurar a lâmina do sacrifício, e você deve ficar ali com o coração partido para enfiar a faca no peito de seu filho, e vê-lo consumido até virar cinzas sobre o altar".

Tudo isso lhe parecia estar implícito na Palavra de Deus, embora o Senhor não quisesse isso de fato, mas sim aceitar a intenção no lugar do ato. Tudo foi projetado para tornar a provação dura. O amigo de Deus (Isaías 41:8) foi testado de uma forma que provavelmente nunca coube ao destino de ninguém, antes ou depois.

Além do sacrifício, Abraão foi ordenado a ir a um monte que Deus lhe mostraria. É fácil, no calor do momento, e sob a influência do impulso sagrado, realizar apressadamente um ato heroico de abnegação, mas não é tão fácil para pessoas de emoções intensas como as nossas deliberar sobre os sacrifícios exigidos de nós. Mas Abraão teve três dias para mastigar esse amargo remédio, já difícil o bastante de engolir de uma vez, e ainda mais repulsivo quando um homem é obrigado a saborear, em detalhes, o fel e a amargura: ele teve que seguir viagem com aquele filho querido diante de seus olhos o dia todo, ouvindo aquela voz que logo se calaria, e olhando para aqueles olhos brilhantes que logo nadariam em lágrimas, e se escureceriam na morte; contemplando nele a alegria de sua mãe e seu próprio deleite, e o tempo todo meditando sobre aquele golpe fatal que, até onde ele sabia, Deus exigia dele.

Oh, este cerco meticuloso e prolongado armado contra nós com barricadas é o que nos prova; se fosse um ataque repentino, seria muito mais suportável. Morrer queimado rapidamente na fogueira ardente é um martírio comparativamente fácil, mas ficar pendurado em correntes, assando em fogo lento, ter o coração espremido como em um torno, hora após hora, é isso que prova a fé; e foi isso que Abraão suportou durante três longos dias. Somente a fé, uma fé poderosa, poderia tê-lo ajudado a encarar a dura provação que agora o assaltava.

O patriarca foi, sem dúvida, tocado, provado e exercitado não apenas pelas palavras que Deus pronunciou em seu ouvido, mas por sugestões naturais e dolorosas que, por mais que prontamente ele as rejeitasse, eram, ao que nos parece, inevitáveis. Ele poderia ter dito:

"Sou chamado para realizar um ato que viola todos os instintos da minha natureza: devo oferecer meu filho! Que horrível! Que sanguinário! Devo queimar meu filho degolado como um ato religioso — que terrível, bárbaro, detestável! Devo oferecê-lo sobre o altar voluntariamente. Como posso fazer isso? Como Deus pode me pedir para fazer aquilo que arranca pela raiz cada um dos sentimentos que ele mesmo incutiu, que vai contra tudo o que há de mais nobre em minha humanidade? Como posso fazer isso?"

Irmãos e irmãs, voltando para nós mesmos, e tentando fazer uma aplicação pessoal disso, podemos ser chamados pela Palavra de Deus a atos de obediência que podem parecer violentar todos os nossos sentimentos naturais. Os cristãos são algumas vezes ordenados a separarem-se do mundo por atos decididos, que provocam o ódio daqueles que são mais próximos e queridos. Ora, se amam a Deus, não amarão nem pai, nem mãe, nem marido, nem irmão, nem irmã, em comparação a Ele; e embora os cristãos sejam sempre os mais compassivos dos homens, considerarão sua lealdade a Deus tão suprema que devem renunciar a tudo por amor a Ele, negando qualquer afeição natural antes de violar a lei divina.

Talvez você esteja, neste dia, sofrendo sob uma aflição que entristece todas as forças do seu ser; aprouve ao Senhor tirar de você alguém mais precioso que a própria vida, por quem você teria dado a sua com alegria. Oh, aprenda com Abraão a submeter-se à vontade régia; não permita que Isaque tome o lugar de Deus. Que Isaque seja amado, mas que Isaque morra, antes que Deus seja desacreditado.

Curve a cabeça e diga: "Toma o que quiseres, meu Deus. Mata-me ou toma tudo o que tenho, mas ainda assim bendirei o teu santo nome". Essa foi uma parte principal da provação de Abraão, que pareceu esmagar bruscamente todos os mais ternos brotos do coração.

Talvez tenha ocorrido a Abraão, ao sacrificar seu filho, estaria tornando vãs todas as promessas de Deus. Que prova severa esta! Pois, na mesma medida em que um homem crê na promessa e a valoriza, maior será seu temor de fazer qualquer coisa que possa anulá-la.

Irmãos e irmãs, há momentos em que somos chamados a um modo de agir que parece colocar em risco nossas maiores esperanças. Um cristão, às vezes, é obrigado pelo dever a realizar uma ação que, aparentemente, destruirá a serventia futura dele.

Muitas vezes ouvi pessoas apresentarem como justificativa para permanecerem em uma igreja corrupta o fato de terem conquistado influência em seu meio, e por causa da posição que ocupam, as quais poderiam perder se seguissem sua consciência e fossem fiéis a Deus. Mas é dever deles, como seria o de qualquer um, renunciar a toda suposta influência, e abandonar toda aparente vantagem, antes de cometer o menor deslize contra a própria consciência; assim como Abraão estava obrigado a oferecer Isaque, em quem estavam centradas todas as promessas de Deus.

Não diz respeito nem a você, nem a mim, cumprir a promessa de Deus, nem fazer o menor mal para produzir o maior bem. Fazer uma maldade para que o bem venha é falsa moralidade e um princípio perverso. A nós cabe o dever; a Deus cabe o cumprimento de Sua própria promessa e a preservação de nossa utilidade.

Ainda que Ele esmigalhe minha reputação e lance minha utilidade aos quatro ventos, se o dever me chama, não devo hesitar nem por um segundo; pois, nessa hesitação, já serei desobediente ao meu Deus.

Se Deus ordenar, Isaque deve ser oferecido, ainda que os céus caiam. E a fé deve responder a todas as sugestões humanas com a certeza de que o que Ele ordena jamais resultará em mal. A obediência não anula as promessas, pois o mesmo Deus que exige a entrega pode ressuscitar o que foi sacrificado (Hebreus 11:19), cumprindo, assim, seu decreto eterno.

Além disso, Abraão deve ter sido — sim, é certo que foi — dominado pela ideia de que a morte de Isaque seria a destruição de toda sua consolação. A tenda de Sara seria mergulhada em trevas, e a planície de Manre, antes tão fértil, se tornaria um deserto para seu coração aflito. Ai do pobre pai que perde a esperança de sua velhice, e o amparo de sua decrepitude! O próprio sol escureceria ao meio-dia, e a lua seria eclipsada se Isaque morresse. Antes lhe sobreviessem todas as calamidades do que perder aquele filho tão amado! Com certeza ele sentiu tudo isso, mas nem por isso hesitou.

Às vezes, o cumprimento do dever pode estar exatamente sobre o cadáver de nossa mais querida consolação, e sobre nossa mais brilhante esperança. Pode ser nosso dever fazer aquilo que envolverá uma sucessão de tristezas quase intermináveis. Mas vocês devem fazer o que é certo, aconteça o que acontecer. Se o Senhor lhes ordenar, vocês devem buscar fé para fazê-lo, ainda que, desse momento em diante, nenhuma outra alegria venha a alegrar seu coração, até que você seja plenamente compensado por todas as perdas ao entrar, por fim, na alegria do seu Senhor.

Também deve ter ocorrido a Abraão, embora ele não tenha deixado que isso pesasse sobre ele, que daquele momento em diante, ele faria muitos inimigos. Muitos desconfiariam de seu caráter, muitos o considerariam um verdadeiro monstro. Onde quer que fosse, seria evitado como assassino de seu próprio filho. Como ele suportaria encontrar Sara novamente? "Onde está meu filho? Sem dúvida, você é para mim um marido de sangue", ela diria, com muito mais razão do que Zípora dissera a Moisés (Êxodo 4:25). Como ele conseguiria encontrar seus servos novamente? Como ele iria poder suportar seus olhares que lhe diriam: "Você matou seu filho! Ensanguentou suas mãos no sangue de sua própria descendência!" Como ele poderia encarar Abimeleque e os filisteus? (Gênesis 21:22-27) Como as tribos errantes que vagavam perto de sua tenda ouviriam sobre essa estranha matança, e estremeceriam ao pensar no monstro que contaminou a terra em que pisava.

E, no entanto, observem a santa despreocupação desse santo homem quanto ao que poderia ser pensado ou dito dele. O que isso importava a ele? Que o considerassem um demônio, que um murmurinho geral o relegue ao mais profundo inferno do ódio e do desprezo — ele não se importa. A vontade de Deus deve ser feita. Deus cuidará da reputação de seu servo; ou, se não o fizesse, seu servo suportaria as consequências por amor ao seu Senhor. Ele deve obedecer; nenhuma segunda alternativa lhe resta: ele não pensaria em desobedecer. Ele sabe que Deus está certo e deve fazer a sua vontade, custe o que custar.

Este, observem bem, é um dos pontos mais grandiosos sobre a fé do pai dos fiéis; e se vocês e eu formos chamados a mostrá-la, que nunca sejamos encontrados em falta, mas que enfrentemos a calúnia e a reprovação com alegria, pelo poder do Espírito Santo. Como os lábios de Lutero devem ter tremido no princípio quando ele se aventurou a dizer que o Papa era o Anticristo. "Ora, homem, como você ousa dizer tal coisa? Milhões se curvam diante dele; ele é o Vigário de Deus na terra[5]. Eles não adoram nosso Senhor Deus, o Papa?" "Contudo, ele é

---

[5] Isto é, o representante de Deus na terra.

o Anticristo e um verdadeiro demônio", disse Lutero; ele deve ter sentido suas orelhas queimarem e suas faces corarem diante de tal declaração aparentemente blasfema.

E quando ele se viu evitado pelos eclesiásticos que antes cortejavam a companhia do Doutor Martinho Lutero, e ouviu o alarido coletivo que subia, até mesmo da escória da humanidade, de que o monge era um bêbado e, por ter escolhido se casar com uma freira, estava cheio de luxúria e vendido a Satanás, e não sei mais o que... deve ter sido algo grandioso quando Lutero pôde sentir em seu íntimo: "Eles podem me chamar do que quiserem, mas eu sei que Deus falou à minha alma a grande verdade de que o ser humano deve ser salvo pela fé em Jesus Cristo, e não por cerimônias que o Papa ordena, nem pelas indulgências que ele concede; e se meu nome for lançado ao limbo infernal, ainda assim falarei a verdade que conheço, e em nome de Deus não me calarei".

Devemos ser levados a isso, a estarmos dispostos a deixar de lado o veredito de nossos tempos, e de todos os tempos passados ou futuros, e a ficar sozinhos, se necessário, no meio de um mundo que ruge enfurecido, para honrar a ordem de Deus, que é a nossa única necessidade, que é imperativo que obedeçamos, mesmo que isso traga vergonha ou a própria morte.

Aqui, então, a fé de Abraão foi aperfeiçoada, pois, embora as circunstâncias externas fossem severas, e as sugestões decorrentes das circunstâncias fossem peculiarmente desconcertantes, ele deixou ambas de lado, e ousou enfrentar todos os males com ousadia, a fim de que pudesse, sem demora ou objeção, cumprir a vontade de seu Mestre em toda a extensão, crendo firmemente que nenhum dano viria disso, mas que ele próprio seria mais abençoado, e Deus mais glorificado.

II

Agora, mencionaremos *o patriarca sob a provação.*

Na conduta de Abraão durante este teste, tudo é encantador. Ao tentar mencionar cada detalhe, temo que possa estragar o efeito do todo. Sua obediência é uma imagem de todas as virtudes em uma, misturadas em maravilhosa harmonia. Não é tanto em um ponto que o grande patriarca se destaca, mas em todo o seu agir sagrado.

Primeiro, observem a submissão de Abraão sob esta provação. Digo "submissão", porque vocês observarão que não há registro de qualquer resposta que Abraão tenha dado a Deus, verbalmente ou de qualquer outra forma. Suponho, portanto, que não houve nenhuma. Estranha e surpreendente ordem: "Pegue seu único filho e ofereça-o em holocausto!" Mas Abraão não discute o assunto.

É natural esperar que ele tivesse dito: "Mas, Senhor, tu realmente pretendes isso? Um sacrifício humano pode ser aceitável para ti? Eu sei que não pode. Tu és amor e bondade: podes ter prazer, portanto, no sangue do meu querido filho? Não pode ser!" Mas não há um só argumento; nenhuma pergunta isolada que sequer sugira hesitação. "Deus é Deus", ele parece dizer, "e não cabe a mim perguntar por que, ou buscar uma razão para sua ordem". Ele disse: "Eu farei isso".

Não parece ter havido uma palavra de súplica ou oração. A oração contra uma provação tão terrível poderia não ter sido pecaminosa; se o homem fosse de estatura espiritual menor, poderia ter sido não apenas natural, mas justo dizer: "Ó meu Deus, poupe meu filho! Coloque-me em alguma outra provação, mas não nesta, tão estranha, tão misteriosa. Meu Senhor, por amor a Sara e por amor à tua promessa, não me teste assim". Digo que uma oração como essa talvez não fosse pecaminosa vinda de um homem comum; poderia ter sido, talvez, até virtuosa e louvável, mas dessa grande alma não procede tal oração. Ele não pede para escapar; ele não ora para ser poupado, uma vez que conhece a vontade de Deus.

Muito menos há qualquer indício de murmuração. Ele trata todo o assunto como se tivesse recebido a ordem de sacrificar um cordeiro comum tirado do rebanho. Há uma frieza de deliberação nisso que não prova que ele era um estoico[6], mas gigantesco em sua fé. "Não vacilou" (Romanos 4:20), diz o apóstolo; e é exatamente isso. Você e eu, se tivéssemos feito o certo, teríamos feito de uma maneira vacilante e hesitante; mas nele, nenhum nervo treme, nenhum músculo fica paralisado. Ele sabe que Deus o ordena, e com terrível firmeza, e ainda assim com simplicidade como de uma criança, ele se prepara para o sacrifício.

A lição que se extrai disso (e podemos muito bem recolher essas lições à medida que avançamos, como respigadores que juntam as espigas enquanto caminham pelos sulcos), é esta: quando alguém conhece um dever, jamais deve orar para ser dispensado, mas ir e cumpri-lo em nome de Deus, no poder da fé. Se alguém alguma vez vê claramente a vontade de seu Mestre, não deve começar a argumentar ou esperar por melhores oportunidades, e coisas do tipo; deve fazê-la imediatamente.

Não sei quanta alegria e honra alguns de vocês podem ter perdido pelo mau hábito de contemporizar com suas consciências. É uma coisa muito terrível condescender que a consciência ser torne insensível, pois logo ela se cauteriza como com ferro em brasa. É como o congelamento de um lago: a primeira película de gelo é quase imperceptível: mantenha as águas se mexendo, e você evitará que o gelo a endureça;

[6] O estoicismo é uma escola de filosofia helenística fundada em Atenas por volta de 300 a.C. que floresceu na Grécia e Roma Antigas até o século 3 d. C. Acreditavam que a prática de quatro virtudes (sabedoria, coragem, moderação e justiça) era suficiente para se alcançar uma vida bem vivida. Desse modo, eram conhecidos por serem resilientes aos infortúnios e indiferentes à dor, à tristeza, ao prazer e à alegria.

mas uma vez que se forma e permanece, espessa-se sobre a superfície, e espessa-se ainda mais, e por fim é tão sólida que uma carroça pode ser puxada sobre a água sólida. Assim é com a consciência: a película se forma gradualmente, e por fim se torna dura, insensível, e pode suportar um peso de iniquidade.

Ah! Não cabe a nós atrasar a obediência sob o pretexto de oração, mas prestar serviço imediato.

Muitas vezes fiquei surpreso e perplexo com pessoas cristãs que disseram a respeito do batismo, por exemplo: "Estou convencido de que é meu dever como crente ser batizado, mas isso nunca chegou à minha consciência". Nunca chegou à sua consciência! Você sabe que Deus ordena, e ainda assim ousa confessar que sua consciência se tornou tão vil que não sente que é seu dever obedecer! "Oh, mas não senti que isso tocou meu íntimo". Senti! E será que o sentimento é o tesouro de sua lealdade a Deus, moldando e delineando a lei de Deus? Se vocês sabem que é o certo, eu os exorto, por sua fidelidade, a obedecer, ó senhores e senhoras; este mundo chegou a um estado lastimável por causa das farsas que os homens fazem com suas consciências. Esta é a causa de todas aquelas interpretações forçadas que as pessoas dão aos textos das Escrituras e credos; esta é a razão secreta pela qual a religião desta nação que afirma ser protestante[7] está se tornando papista até o âmago, porque os evangélicos juraram fidelidade a um catecismo papista, e deram a ele outro sentido; e em vez de saírem de uma igreja corrupta, brincaram com suas consciências e, assim, por sua prática, anularam sua pregação e ensinaram os homens a mentir.

Não é de se admirar que os comerciantes roubem e trapaceiem, quando aqueles que professam piedade usam palavras em sentidos que

---

7 A religião oficial da Inglaterra é o anglicanismo, que historicamente se alinhou mais com as reformas protestantes europeias.

nunca poderiam ser aceitos por mentes sinceras. Se aqueles que professam a fé cristã fossem apenas zelosos pela glória de Deus, e exatos e precisos em todo seu caminho diante do Altíssimo, eles teriam mais da honra e da bem-aventurança de Abraão, e sua influência sobre o mundo seria mais como sal (Mateus 5:13) e menos como o fermento maligno que corrompe a massa (Gálatas 5:9).

Mas devemos agora prosseguir e observar, em seguida, a prudência de Abraão. A prudência — como alguns ouviram na semana passada — pode ser uma grande virtude, mas muitas vezes se torna um dos vícios mais mesquinhos e cruéis. A prudência corretamente considerada é uma notável serva da fé; e a prudência de Abraão foi vista nisso: ele não consultou Sara quanto ao que estava prestes a fazer. Naturalmente a prudência, como a chamamos, teria dito: "Esta é uma ordem estranha. É melhor você consultar os sábios sobre isso. Você acredita que vem de Deus, mas pode estar enganado em sua impressão. Pelo menos é justo com Sara, tendo ela tanto interesse no próprio filho dela, ouvir o parecer dela no caso. Além disso, há aquele bom homem Eliézer. Ele frequentemente o ajudou e guiou em dilemas; é melhor você ter uma conversa com ele".

"Sim", Abraão provavelmente pensou, "essas pessoas queridas podem me enfraquecer, mas não podem fortalecer minha resolução ou alterar meu dever"; e, portanto, como Paulo, ele não consultou carne e sangue (Gálatas 1:16). Afinal, meus irmãos e irmãs, para que serve consultar pessoas quando conhecemos a mente do Senhor?

Se eu for à Bíblia, e vir muito claramente ali que tal e tal coisa são meu dever, consultar uma pessoa sobre se devo obedecer a Deus ou não é traição contra a Majestade do céu. É vil para nós consultar pessoas quando temos a clara ordem de Deus. Imaginem um oficial inferior em um exército, quando ordenado a liderar um ataque na hora da batalha, voltar-se para um colega soldado para pedir sua opinião sobre as ordens que recebeu do comandante-chefe! Que ele seja julgado pela corte marcial, ou morto no campo de batalha: ele é totalmente desleal. Não precisa nenhum ato manifesto; o pensamento já é um motim. As palavras de questionamento são uma rebelião declarada. Quando Deus ordena, não nos resta nada além de obedecer. Consultas com carne e sangue são pecados tingidos de escarlate.

Observem, além disso, a prontidão de Abraão. Ele se levantou cedo pela manhã. Ah, mas a maioria de nós teria dormido muito, ou se não pudéssemos dormir, teríamos ficado deitados até a hora do jantar, pelo menos, nos revirando inquietos. "O quê? Matar meu filho, meu único filho Isaque? A ordem não especifica a hora. Não há nenhuma palavra categórica quanto ao momento de começar a terrível jornada. Ao menos posterguemos o máximo possível, pelo bem do querido jovem; que ele viva o máximo possível". Mas não! Atrasar não estava na mente do patriarca. Não é grandioso? O homem santo se levanta cedo; ele deixa seu Deus ver que pode confiar nele, e que ele cumprirá suas ordens sem relutância. Ó cristãos, sejam sempre rápidos em fazer o que Deus lhes ordena. Não hesitem. A própria força da sua obediência estará em vocês se apressarem e não tardarem em cumprir a ordem do Senhor.

Ele mostrou sua prontidão, novamente, pelo fato de ele mesmo ter preparado a lenha. É explicitamente dito que ele "rachou lenha" (Gênesis 22:3). Ele era um xeique[8] e um homem poderoso em seu acampamento, mas se tornou lenhador, não considerando nenhum trabalho humilde demais se feito para Deus, e considerando o trabalho sagrado demais para outras mãos. Com o coração partido, ele fende a lenha. Lenha essa para queimar seu herdeiro! Lenha essa para

---

[8] Chefe espiritual-político de uma tribo ou clã nômade. O termo vem do árabe.

o sacrifício de seu próprio filho querido! Aqui vocês veem a prontidão de Abraão, e que seja nossa a obediência a Deus com tal prontidão zelosa que, em cada pequena circunstância de nossa obediência, seja visto que não somos escravos relutantes acorrentados ao remo do dever[9], e açoitados para servir pelas ameaças da lei, mas filhos amorosos de um Pai a quem consideramos nossa maior alegria servir, mesmo que esse serviço envolva o sacrifício de nossos queridos "Isaques".

Além disso, devo pedir que vocês observem a premeditação de Abraão. Ele não desejava falhar em suas ações. Tendo cortado a lenha, levou consigo o fogo e tudo mais necessário para consumar o trabalho. Algumas pessoas não se antecipam no servir a Deus, e então, se um pequeno obstáculo aparece, clamam que é um sinal da providência divina, e dão uma desculpa para escapar da tarefa desagradável. Oh, como é fácil, quando alguém não quer envolver-se em dificuldades, imaginar que vê alguma razão para não enfrentá-las!

"Você sabe", diz alguém, "precisamos viver". "Ah", diz outro, "por que eu deveria me colocar em dificuldade meramente por causa de uma pequena questão de consciência? E, de fato, aconteceu agora mesmo uma situação que quase me obriga a agir contra aquilo que creio, pelo menos por um tempo; na verdade, a providência divina claramente me ordena permanecer como estou. Sei que a Bíblia diz que devo agir de forma diferente, mas ainda assim, você sabe que também devemos considerar as circunstâncias, e se elas não alterarem completamente os mandamentos, podem, você sabe, ser uma desculpa para adiar a obediência".

Abraão, o sábio e atencioso servo de Deus, cuida tanto quanto possível para evitar todas as dificuldades que possam impedi-lo de fazer o

[9] Imagem que descreve os escravos remando forçados em galés de épocas antigas.

que é certo. “Não”, diz ele, “não há concessões para mim; meu dever é claro. Deus o ordena? Eu proverei tudo o que for necessário para o cumprimento de sua vontade. Não quero desculpas para recuar, pois não recuarei, custe o que custar”.

Observem, mais adiante, a perseverança de Abraão. Ele continua três dias em sua jornada, viajando em direção ao lugar onde deveria sacrificar tanto a si mesmo quanto seu filho. Ele ordena que seus servos permaneçam onde estavam, talvez com medo de que eles pudessem ser tocados pela piedade para impedir o sacrifício.

Ora, vocês e eu gostaríamos de ter providenciado algum amigo que pudesse intervir para impedir e tirar a responsabilidade de nossos ombros. Mas não Abraão: o bom homem põe de lado tudo o que pode impedi-lo de chegar até o fim.

Então ele coloca a lenha sobre os ombros de Isaque. Oh, que carga ele colocou em seu próprio coração ao colocar esse fardo em seu querido filho! Ele mesmo carregou o fogo no incensário ao seu lado, mas que fogo consumia seu coração! Como foi dura a provação quando o filho disse ingenuamente: “Meu pai, eis aqui o fogo e a lenha, mas onde está o cordeiro?” (Gênesis 22:7) Não havia nenhuma lágrima para o patriarca enxugar? Ele deu apenas uma resposta curta. Temos todos os motivos para crer que outras respostas se seguiram, que não estão registradas, pelas quais ele explicou ao filho a situação, e o que Deus havia ordenado; pois é difícil supor que Isaque teria cedido cegamente, a menos que primeiro tivesse sido dada uma explicação de que tal ordem tinha vindo da mais alta autoridade e deveria ser obedecida.

Oh, a infelicidade da mente do pai! Mas deixe-me antes dizer a majestade da fé do pai, pois ele reprime todos os seus sentimentos e, embora a natureza paternal fale, a fé fala ainda mais alto; e se o abismo de sua aflição clama alto, sua fé profunda em Deus o faz ainda mais altissonantemente.

Agora, vejam. Vejam esse homem santo enquanto ele reúne as pedras soltas que estão no monte Moriá. Vejam-no pegá-las e, com a ajuda de seu filho, colocá-las uma sobre a outra, até que o altar tenha sido construído. Vocês o veem,em seguida, colocando a lenha sobre o altar de forma adequada? Nenhum sinal de agitação ou tremedeira. Vejam-no amarrar seu filho com cordas. Oh, que cordas eram aquelas que amarravam seu pobre, tão pobre coração!

Ele deita seu filho sobre o altar como se fosse uma vítima. Agora ele desembainha a faca, e a ação está prestes a ser executada... porém, Deus está satisfeito: Abraão realmente sacrificou seu filho em seu coração, e a ordem é cumprida!!! Observem a obediência deste amigo de Deus — não foi uma encenação de entregar seu filho: era realmente fazê-lo. Não era falar sobre falar o que ele poderia fazer, e talvez fizesse, mas sua fé foi prática e heroica. Peço a todos aqueles que creem que observem isso. Não devemos somente amar a Deus de modo a esperar que estejamos prontos para desistir de tudo por Ele, mas devemos estar literal e realmente prontos para fazê-lo! Devemos pedir mais fé, para que quando vier a provação, não sejamos provados como meros fingidores falastrões, meros faladores, mas fiéis a Deus, de fato.

"Ah", disse alguém uma outra noite, "pensei que tinha grande fé, mas agora, atormentado pela dor, descubro que quase não tenho nenhuma". "Oh", alguns de nós podem dizer, "meu Deus, pensei que tinha fé em ti, mas agora que se trata de resistir a essa aflição que colocas sobre mim, estou pronto a rebelar-me contra ti, e não posso dizer: 'Seja feita a tua vontade.'"

Ah! Quantos professam amar a Deus, até que isso envolva perder algumas moedas ou algumas cédulas. Eles obedecerão a Deus até que isso implique penúria e pobreza; eles serão fiéis a Deus até chegarem o escárnio e a vergonha, e então imediatamente ficam escandalizados, e assim provam quem é seu verdadeiro deus, pois se afastam daquele que é invisível, e buscam o que chamam de grande oportunidade, pelo interesse temporal, e do próprio lucro, e de seus próprios prazeres. Deus não é o deus deles, exceto de boca.

Se os mandamentos de Cristo forem agradáveis, as pessoas os aceitarão; se apertarem de modo um pouco mais fortes, as pessoas se afastam; pois, afinal, a maioria dos que professam a fé cristã serve a seu Deus até certo ponto, mas não além dele, e assim mostram que não amam a Deus de forma alguma.

Eu trouxe à luz, apenas de modo muito tímido, a obediência de Abraão. Não devo, no entanto, deixar essa descrição até que eu tenha mencionado o que estava na raiz de tudo. Paulo nos diz no capítulo onze de Hebreus que "Pela fé, Abraão ofereceu Isaque" (Hebreus 11:17). Ora, qual foi a fé que capacitou Abraão a fazer isso?

Embora muitos expositores pensem que não, eu concordo com a opinião de que Abraão sentia em sua própria mente que Deus não podia mentir, e a Palavra de Deus não poderia falhar (Números 23:19), e, portanto, esperava ver Isaque ressuscitado dos mortos. "Ora", ele disse a si mesmo, "eu tive uma promessa expressa de que em Isaque estará minha semente; e se eu for chamado para matá-lo, essa promessa ainda deve ser mantida, e talvez Deus o ressuscite dos mortos. Mesmo que seu corpo seja consumido em cinzas, o Senhor ainda pode restaurar meu filho à vida".

Somos informados no Novo Testamento que ele cria em Deus que Ele poderia ressuscitá-lo dos mortos, dos quais ele também o recebeu figurativamente (Hebreus 11:19). Alguns disseram: "Mas isso diminui a provação". Está certo, se assim quiserem; mas isso não diminui a fé. E é essa fé que mais deve ser admirada. Ele foi sustentado sob a provação pela convicção de que era possível para Deus ressuscitar seu filho dos mortos e, assim, cumprir sua promessa.

Mas sob isso, e ainda mais profundamente, havia no coração de Abraão a convicção de que por algum meio, se não por aquele meio, Deus o justificaria em fazer o que ele deveria fazer; que nunca poderia ser errado fazer o que Deus lhe ordenara; que Deus não poderia ordenar que ele fizesse uma coisa errada e que, portanto, ao fazê-lo, ele não poderia sofrer a perda da promessa feita em relação a Isaque. De uma forma ou de outra, Deus cuidaria dele se ele obedecesse, contanto que se mantivesse fielmente em Deus.

E eu acho que, quanto mais vaga a ideia de Abraão pudesse ter sido sobre a maneira como Deus poderia cumprir a promessa, mais gloriosa era a fé com que ainda se apegava a ela — de que nada poderia frustrar a promessa, e de que ele cumpriria seu dever, a qualquer custo.

Irmãos e irmãs amados no Senhor, creiam que todas as coisas cooperam para o seu bem (Romanos 8:28), e que se vocês são ordenados pela consciência e pela Palavra de Deus a fazer aquilo que os deixariam empobrecidos ou os fariam cair em descrédito, isso não pode ser um dano real para vocês; deve estar tudo bem. Eu vi pessoas expulsas do trabalho devido a guardarem o dia do Senhor, ou ficarem por um tempo desempregadas porque não aceitaram se envolver em práticas irregulares, e sofreram por um tempo. Mas, ai! Algumas dessas pessoas perderam o ânimo depois de um tempo, e cederam ao mal.

Oh! Que tenhamos uma fé que jamais, sob qualquer persuasão ou coerção, fuja do campo de batalha. Se as pessoas tivessem força suficiente para dizer: "Se eu morrer e apodrecer, não pecarei; se me lançarem ao corvo carniceiro, ainda assim nada me fará violar minha consciência, ou fazer o que Deus me ordena não fazer, ou deixar de fazer o que Deus me ordena realizar!" Esta é a fé de Abraão! Quem dera Deus a tivéssemos! Teríamos uma raça gloriosa de cristãos se esse fosse o caso.

III

Deixei apenas alguns minutos para o último ponto, que foi: *observemos a bênção que veio a Abraão através da provação de sua fé.*

A bênção foi sétupla.

Primeiro, a provação foi revogada: Isaque saiu ileso. A maneira mais próxima de chegar ao fim da tribulação é resignar-se a ela. Deus não testará você quando puder suportar completamente qualquer prova. Renuncie a tudo, e você manterá tudo. Renuncie ao seu Isaque, e seu Isaque não precisará ser renunciado; mas se você quiser salvar sua vida, você a perderá (Mateus 16:25).

Segundo, Abraão teve a aprovação expressa de Deus: "Agora sei que você teme a Deus" (Gênesis 22:12). Aquele cuja consciência dá testemunho com o Espírito Santo desfruta de grande paz, e essa paz vem a ele porque sob essa provação ele provou ser um servo verdadeiro e fiel. Ó irmãos e irmãs, se não podemos suportar as provações desta vida, o que faremos no dia do julgamento? Se na balança comum segurada na mão da Providência formos considerados em falta, o que faremos diante daquele grande trono branco, onde cada pensamento será levado a julgamento diante do Altíssimo? (Apocalipse 20:11-15) Como vocês correrão com os cavaleiros no final se não podem correr com as pessoas a pé agora? Se temos medo de uma pequena perda e um pequeno desprezo, o que deveríamos ter feito nos dias dos mártires, quando as pessoas não consideravam suas vidas caras a elas mesmas para que pudessem ganhar a Cristo!

Abraão então teve uma visão mais clara de Cristo do que nunca antes – uma recompensa nada pequena. "Abraão viu esse dia", disse Cristo, "viu esse dia e ficou alegre" (João 8:56). Dentro de si, pronto para sacrificar seu filho, ele teve uma representação do SENHOR, que não poupou seu próprio Filho (Romanos 8:32). No carneiro abatido em vez de Isaque, ele tinha uma representação do grande Substituto que morreu para que a humanidade pudesse viver (2Coríntios 5:15). Mais do que isso, o nome de Deus foi mais plenamente revelado a Abraão naquele dia. Ele o chamou de Javé-Jiré (Gênesis 22:14), um passo à frente de tudo o que ele conhecera antes. "Se alguém quiser fazer a vontade de Deus, conhecerá a respeito da doutrina" (João 7:17). Quanto mais vocês puderem suportar o teste da provação, mais bem instruídos vocês serão nas coisas de Deus. Há luz além se vocês tiverem graça para prosseguir através da dificuldade.

Para Abraão naquele dia a aliança foi confirmada por juramento. O Senhor jurou por si mesmo (Hebreus 6:13). Irmãos e irmãs, vocês nunca terão a graça de Deus tão confirmada a vocês como quando vocês provaram sua fidelidade a Deus obedecendo-o, mesmo com todos os riscos; vocês descobrirão então como são verdadeiras as promessas, e como Deus é fiel à aliança da graça. O caminho mais rápido para a plena segurança é a obediência perfeita. Enquanto a segurança o ajudará a obedecer, a obediência o ajudará a estar seguro: "Se vocês guardarem os meus mandamentos, permanecerão no meu amor, assim como também eu tenho guardado os mandamentos de meu Pai e no seu amor permaneço" (João 15:10).

Então foi que Abraão também teve uma promessa mais completa com relação à semente. Das dez promessas que Abraão recebeu[10], as primeiras são principalmente sobre a terra, mas as últimas dizem respeito apenas à sua semente. Nós conseguimos amar mais a Cristo, valorizá-lo mais, vê-lo e entendê-lo melhor, quanto mais somos consagrados à vontade do Senhor.

---

[10] As cinco primeiras promessas de Deus a Abraão sobre a terra estão em Gênesis 12:2-3; 15:1. As cinco últimas sobre a semente (= descendência) dele estão em Gênesis 15:18; 17:4-5, 7; 22:17.

E por último, Deus pronunciou sobre a cabeça de Abraão uma bênção (Gênesis 12:2-3), como nunca antes havia sido dada a um ser humano; e se eu dissesse que a nenhum indivíduo em todo o tempo transcorrido jamais foi dada, distinta e pessoalmente, uma bênção como a que foi dada a Abraão naquele dia! Primeiro na provação, ele também é o primeiro na bênção; primeiro na fidelidade ao seu Deus, ele se torna o primeiro nas doces recompensas que a fidelidade certamente alcança.

Irmãos e irmãs, peçamos a Deus que nos faça seus verdadeiros filhos como Abraão, para que possamos ganhar recompensas como ele alcançou. Que Ele nos ajude, nesta manhã, a rendermos em nossos corações tudo o que temos das coisas mais queridas de nossas afeições. Que possamos hoje pela fé levar tudo ao altar em nossa disposição de renunciar a tudo, se assim o Senhor quiser. Que possamos sentir hoje o espírito da fé perfeita, crendo que as promessas de Deus devem ser cumpridas, embora as circunstâncias da providência externa, e até mesmo nossos próprios sentimentos internos, pareçam desmentir a palavra certa de Deus. Vamos nos esforçar para conhecer a realidade da vida pela fé. Que possamos crer em Deus da mesma forma literal em que cremos em nossos amigos – mas apenas de uma forma mais elevada e segura.

Que a partir deste dia creiamos em Deus de tal forma que nunca façamos perguntas sobre consequências, sempre que tivermos uma convicção de dever. Que nunca paremos para perguntar se isso nos tornará ricos ou pobres, honrados ou desprezados, se isso nos trará paz ou angústia, mas vamos adiante, sempre adiante, como se Deus nos tivesse atirado do arco eterno, vamos sempre em frente, na plena convicção de que se houver uma escuridão temporária, ela deve terminar em luz eterna. Se houver perda presente, ela deve terminar em ganho eterno. Vamos confirmar que Deus é verdadeiro, que as recompensas são para os justos e a verdadeira paz para os obedientes, e que no final deve ser nosso maior ganho servir a Deus, embora esse serviço deva, no momento, trazer consigo uma perda terrível. Oh! Que possa ser formada nesta casa uma geração de crentes que muito suportam, que conseguem suportar as dificuldades, mas não conseguem suportar o pecado.

Que vocês, meus irmãos e irmãs, obedeçam às suas convicções tão constantemente quanto a matéria obedece às leis da gravitação, e nunca vendam seu direito de primogenitura pelo miserável ensopado do mundo (Gênesis 25:29-34). Se esta casa pudesse estar cheia de tais homens e mulheres, esta cidade tremeria sob o passo do nosso exército; todo este estado perceberia que um novo poder surgira na terra; a verdade e a retidão exaltariam seu poder nas alturas, e então o comércio desonesto, a ganância por ouro, e a dissimulação dos jesuítas com palavras – esse flerte com a prostituta papista[11] – seriam postos fim de uma vez por todas. Oh, que a bandeira da verdade e da retidão possa ser desfraldada por um bando valente, pois essa bandeira tremulará no dia do último triunfo, quando os estandartes da terra serão rolados em sangue.

Que nosso Deus nos abençoe assim, e todos os confins da terra o temam. O Senhor nos faça verdadeiros como Abraão, verdadeiros porque cremos, e que Ele nos ajude a sacrificar tudo de nós, se necessário, por amor a Jesus. Amém!

SERMÃO PROFERIDO EM 1869

[11] Spurgeon está falando contra os jesuítas e, segundo ele, suas argumentações ardilosas e enganosas, e a proximidade que alguns cristãos tinham com a Igreja Católica Romana (chamada de "A grande prostituta" de Apocalipse 17).

3

FÉ NO MEIO DE ZOMBADORES

Ele confiou no SENHOR *que ele o livraria.*
Que ele o livre, pois nele tem prazer.
SALMOS 22:8

DAVI experimentou o que Paulo mais tarde descreveu tão apropriadamente como "zombarias cruéis" (Hebreus 11:36). Observem o adjetivo "cruéis" — ele foi bem escolhido. As zombarias podem não cortar a carne, mas dilaceram o coração. Podem não derramar sangue, mas fazem a mente sangrar internamente. As algemas ferem os pulsos, mas o ferro da zombaria penetra na alma. A ridicularização é uma bala envenenada que penetra mais fundo que a carne e atinge o fundo do coração. Davi, no deserto, caçado por Saul, e no trono, insultado por Simei (2Samuel 16:5-13), sabia o que era ser alvo de zombaria, jogado de um lado para o outro com desprezo. Muitas vezes, e com frequência, ele foi o tema da canção dos bêbados e o provérbio de zombaria dos escarnecedores (Salmos 69:12).

Mas que tenho eu a ver com o filho de Jessé? O meu coração se lembra do Filho do Homem. E daí se Davi sofreu desprezo e zombaria? Ele experimentou isso, mas em pequena medida, comparado ao nosso bendito Senhor. Foi bem dito: "O discípulo não está acima do seu mestre, nem o servo está acima do seu senhor" (Mateus 10:24). Não é de se admirar que alguém como Davi tenha clamado: "A minha alma está rodeada de leões" (Salmos 57:4), quando o Senhor de todos, o perfeitamente puro e Santo, foi levado a proferir o mesmo clamor, dizendo: "Todos os que me veem zombam de mim; fazem caretas e balançam a cabeça, dizendo: 'Ele confiou no SENHOR que Ele o livraria. Que Ele o livre, pois nele tem prazer'" (Salmos 22:7,8).

Irmãos e irmãs, se tiverem que passar por uma experiência dolorosa semelhante, não a estranhem, pois ela não é estranha. A ignomínia é a herança comum dos piedosos. Não pensem que este fogo que faz vocês sofrerem é o primeiro que já queimou um santo. Outros tiveram que suportar a inimizade do mundo muito antes de vocês.

Lembrem-se de que, em tempos passados, desde o primeiro momento em que o pecado entrou no mundo, havia duas sementes, a semente da mulher e a semente da serpente (Gênesis 3:15); e entre essas duas sementes há uma inimizade do tipo mais mortal, que nunca cessará. Ela pode assumir diferentes formas e ser contida por muitas forças, mas continuará para sempre a mesma, enquanto a humanidade for a humanidade, e o pecado for pecado, e Deus e o diabo se opuserem.

Foi assim, vocês sabem, na casa de Abraão: ele era uma pessoa que andava diante de Deus e era perfeito entre os da sua época; e ainda assim, em sua família havia duas forças opostas: Ismael, nascido segundo a carne, zombou daquele que nascera segundo o Espírito (Gálatas 4:29). Quando Rebeca deu à luz gêmeos, o fato de serem gêmeos do santo Isaque não impediu a inimizade que surgiu entre Jacó e Esaú (Gênesis 25; 27; 32). Nada impedirá a semente da serpente de exibir sua malevolência para com a semente da mulher. Até mesmo os laços entre parentes ou entre irmãos são de pouca importância nesta contenda. De fato, os inimigos de uma pessoa muitas vezes são os de sua própria casa.

Não se admirem, então, se vocês forem ridicularizados! Parece ser uma necessidade da natureza santa de Deus que ela incite a inimizade da natureza maligna do ser humano caído, e que essa natureza maligna se manifeste por meio de um ataque direto e amargo. Lembrem-se "daquele que suportou tamanha oposição dos pecadores contra si mesmo, para que vocês não se cansem nem desanimem" (Hebreus 12:3). Daqui em diante, curvem seus ombros ao jugo; esperem que, se seguirem o Crucificado, terão que carregar a cruz, pois assim será (Lucas 9:23).

Confio que esta meditação possa ser útil a qualquer servo de Deus que esteja sentindo o açoite cortante de línguas invejosas, para que não se desviem de sua firmeza por isso. Se alguém em seu coração está curvado por estar consciente de que possivelmente deu aos zombadores alguma oportunidade de zombar dele, que mesmo nisso se anime, pois Davi o fez, e ainda assim não foi esmagado pelas blasfêmias dos ímpios.

I

A primeira coisa para a qual chamo a atenção de vocês é que uma pessoa verdadeiramente cheia da graça é como Davi e como o Senhor Jesus, no sentido de que sua confiança em Deus é conhecida.

Mesmo os inimigos desse santo homem mencionado no texto, e, como eu o interpreto, até mesmo os inimigos de nosso divino Senhor e Mestre, nunca negaram que Ele confiava em Deus. Este, de fato, é o início de sua zombaria: "Ele confiou no Senhor que Ele o livraria". Daí deduzo que todo aquele que é cheio da graça deve ter uma confiança aparente, manifesta e pública em Deus. Ele não deve confiar nele apenas em seu coração, mas essa confiança deve penetrar em toda a sua natureza, de modo que ele não a esconda nem pense em escondê-la. Ele deve ser tão aberto na declaração de sua confiança que até seus inimigos, diante dos quais ele é naturalmente contido e vigilante, ainda assim sejam capazes de perceber essa coisa preciosa dentro dele, e sejam forçados a testemunhar, ainda que zombeteira e jocosamente, ele "confiou no Senhor".

Tal testemunho é ainda mais valioso por vir de um inimigo. Vocês sabem que nosso caráter dificilmente será retratado com muita beleza por aqueles que nos odeiam; certamente dirão o máximo possível contra nós. Mas se até mesmo nossos inimigos disserem de nós: "ele confiou no Senhor", podemos ser muito gratos por termos vivido de modo a forçar esse testemunho de seus lábios.

O que, então, um filho de Deus deve fazer para mostrar que realmente confia no Senhor? Como Jesus fez isso? Bem, creio que, no caso de nosso Senhor, foi sua maravilhosa calma que compeliu todos a ver que "ele confiou no Senhor". Vocês nunca o encontram afobado; Ele nunca está preocupado nem confuso. Ele é cercado por todos os lados por pessoas que tentam surpreendê-lo em alguma falha, mas Ele é tão seguro de si como se estivesse falando entre amigos. Ele não parece estar nem um pouco vigilante, e, no entanto, em vez de o apanharem, logo Ele os apanha, ou então se retiram dizendo: "Jamais alguém falou como este homem" (João 7:46). Ele estava sempre calmo, pacífico, preparado, sereno.

Percebe-se sua quietude interior não apenas quando os inimigos o cercam, mas também quando Ele está cercado por uma grande multidão de pessoas com fome, muita fome, morrendo de fome: Ele parte o pão e o multiplica; mas não antes de fazê-los sentar-se na grama em grupos de cem e de cinquenta. Ele os organiza em grupos e em fileiras para uma distribuição conveniente; e quando todos estão em ordem, como se fosse uma cerimônia real bem organizada, então Ele pega o pão e, olhando para o céu, com toda a deliberação pede uma bênção, parte-o e dá a comida aos discípulos (Marcos 6:30-44). Os discípulos não fazem disso uma preocupação: é um banquete ordeiro, e os milhares são todos alimentados na ordem devida, em majestoso decoro; pois Cristo estava calmo e, portanto, dominava a situação.

Ele nunca parece ter caído em dificuldades e, então, recorrido a expedientes para sair delas; mas toda a sua vida é previamente planejada e estruturada da maneira mais prudente e pacífica. Nada nesta terra — embora Ele estivesse tão desprovido a ponto de não ter onde reclinar a cabeça (Mateus 8:20), embora às vezes estivesse tão cansado que se sentava à beira de um poço para descansar (João 4:6) — poderia desviá-lo do seu caminho, ou perturbar sua perfeita serenidade. Ele estava sempre pronto para qualquer emergência. Na verdade, nada era uma emergência para Ele.

Que bela imagem é a de Cristo a bordo de um navio em meio a uma tempestade! Enquanto os que estão com Ele temem que afundem, que o vento os derrube na água, ou que a água os cubra, de modo que certamente se afoguem, o que Ele está fazendo? Ora, Ele está dormindo. Não porque os tenha esquecido — não; mas porque sabia que o navio estava nas mãos do grande Pai. Era sua hora de dormir; Ele estava cansado e precisava dormir; então cumpriu seu dever mais imediato e, com toda a tranquilidade, deitou a cabeça em um travesseiro e cochilou (Mateus 8:23-27). Seu sono deveria tê-los deixado despreocupados. Sempre que o capitão puder dormir, os passageiros também poderão. Confiem nisso: aquele que tudo comanda não teria ido para a cama se não sentisse que tudo estava bem nas mãos do Altíssimo, que a qualquer momento Ele poderia deter a tempestade furiosa.

Quem me dera pudéssemos ter o mesmo descanso; pois, então, até mesmo nossos inimigos diriam de nós: "Ele confiou no Senhor". Quem me dera pudéssemos ter aquela disposição mental firme e imperturbável com que nosso Senhor desfazia as armadilhas com as quais seus inimigos procuravam enredá-lo; pois então nossos agressores se maravilhariam com nossa serena confiança. Jesus não conhecia pressa, mas, calma e deliberadamente, enfrentava cada questão à medida que surgia, e de forma grandiosa se mantinha livre de qualquer embaraço. Oh, que a santa tranquilidade nos impeça de cuidar de nossas tarefas apressadamente! "Aquele que crê não se apressará" (Isaías 28:16), mas fará tudo como na infinita serenidade do Eterno, que nunca está adiantado e nunca está atrasado. Se pudéssemos fazer isso, e não ficássemos tão agitados e preocupados, inquietos e levados até nosso limite, então nossos inimigos diriam com espanto: "Ele confiou no Senhor".

Irmãos e irmãs, isso também deve transparecer não apenas em nossa maneira calma e tranquila, mas também em nossa confissão explícita. Não creio que qualquer um tenha o direito de ser um cristão secreto no Senhor Jesus Cristo nesta época. Vocês me dirão que Nicodemos era assim (João 3:1), que José de Arimateia era assim (João 19:38), e eu respondo: sim, mas nisso eles não são nossos exemplos. Esses irmãos fracos foram perdoados e fortalecidos, mas não podemos, por isso, presumir que será assim conosco.

Os tempos, contudo, são diferentes agora: pela morte de Cristo, os pensamentos de muitos corações foram revelados, e desde aquele dia, aqueles discípulos secretos estavam entre os primeiros a confessar sua fé. Nicodemos trouxe as especiarias (João 19:39), e José de Arimateia foi ousadamente pedir o corpo de Jesus (João 19:38). Desde aquele dia em que Cristo foi abertamente revelado na cruz, os pensamentos dos corações de outras pessoas também são revelados. E agora, não nos é permitido brincar de esconde-esconde com Cristo.

Não! "Quem crer e for batizado será salvo" (Marcos 16:16); "Quem com o seu coração crer e com a sua boca o confessar, será salvo" (Romanos 10:9). A confissão aberta é constantemente, nas Escrituras, unida à fé secreta. O Senhor Jesus Cristo afirma: "aquele que me negar diante das pessoas, eu o negarei" (Mateus 10:33). E se vocês lerem, o texto opõe a negação à confissão, de modo que, na verdade, significa: "Aquele que não me confessar diante das pessoas, eu também não o confessarei quando vier na glória do Pai".

Nosso Senhor não conta em liderar um grupo de seguidores que sempre se manterão atrás de uma cerca, escondendo-se em buracos e cantos sempre que houver algo a ser feito para a sua glória, e só aparecendo quando há vantagens pessoais. Conheço alguns que professam a fé cristã desse tipo, mas tenho muito pouco a dizer em seu favor — são um bando de covardes.

Não, não. Devemos declarar explicitamente que cremos em Deus e aproveitar as oportunidades, conforme a prudência ditar, para contar aos amigos e vizinhos qual tem sido a nossa experiência em confiar em Deus, contando-lhes sobre as libertações que recebemos, sobre as orações que foram atendidas e sobre muitos outros sinais da bondade divina que nos foram concedidos como resultado de nossa fé em Deus.

Confiar no ser humano é algo de que podemos nos envergonhar, pois percebemos que são como um caniço quebrado, ou como uma lança que nos atravessa o coração quando nos apoiamos nela; mas benditos os que confiam no Senhor (Jeremias 17:7-8), pois serão como árvores plantadas junto a correntes de águas; darão o seu fruto no seu devido tempo, e até mesmo as suas folhas não murcharão (Salmos 1:3). Deus, em quem confiam, honrará a sua fé e os abençoará cada vez mais; que, portanto, honrem o seu Deus e nunca hesitem em falar bem do nome dele. Portanto, digo, primeiro, que uma crença serena e, em segundo lugar, uma confissão aberta devem fazer com que até mesmo os nossos adversários saibam que confiamos no Senhor.

E, então, acrescentarei que a nossa conduta geral deve revelar a nossa fé. Toda a nossa vida deve mostrar que somos pessoas que se alegram no Senhor. Pois confiar no Senhor, como eu o entendo, não é algo para domingos e locais de culto apenas: devemos confiar no Senhor em tudo. Se confio no Senhor em relação à minha alma, devo confiar nele em relação ao meu corpo, à minha esposa, aos meus filhos e a todos os meus assuntos domésticos e comerciais. Teria sido terrível se o Senhor tivesse traçado uma linha preta em torno de nossa vida religiosa e tivesse dito: "Vocês podem confiar em mim sobre isso, mas com assuntos domésticos não terei nada a ver". Precisamos que toda a vida esteja dentro da circunscrição do cuidado divino. O laço perfeito do amor divino deve amarrar todo o pacote de nossos assuntos, ou tudo se escapará.

A fé é algo para o armário, a sala de estar, o escritório de contabilidade e a casa da fazenda; é uma luz para os dias escuros e uma sombra para os dias claros: vocês podem levá-la com vocês para todos os lugares, e em todos os lugares ela será sua ajuda. Oh, que confiemos tanto no Senhor que as pessoas notem isso tanto quanto notam nosso temperamento, nossa vestimenta ou nosso tom de voz. É uma pena que, com muita frequência, avancemos desordenadamente, seguindo nossa própria sabedoria, quando deveríamos dizer: "Não, preciso esperar um pouco até pedir conselho ao Senhor". Deveria ser visto e conhecido que estamos claramente esperando em Deus por orientação. Que rebuliço isso causaria em alguns lugares!

Gostaria que, sem qualquer desejo de ser farisaico ou de exibir nossa piedade, mostrássemos inconscientemente o grande princípio que nos governa. Assim como alguém diz: "Com licença, preciso consultar um amigo" ou "Preciso submeter o caso ao meu advogado", também deveria ser habitual para um cristão, antes de responder a um assunto importante, exigir um momento em que possa esperar em Deus e obter orientação. De qualquer forma, desejo que seja tão usual para nós pedir orientação do alto, que seja notado como nosso hábito confiar no Senhor.

Mais uma vez, penso que isso deveria transparecer mais claramente em nosso comportamento em tempos de dificuldade; pois é então que nossos adversários provavelmente notarão. Você, querida irmã, perdeu um filho. Bem, lembre-se de que é uma mulher cristã e que não se entristece como aqueles que não têm esperança (1Tessalonicenses 4:13-18). Que a diferença seja real e verdadeira, e não tenha vergonha que outros a observem. Quando sua vizinha perdeu o filho, isso ocasionou uma briga entre ela e Deus, mas não é assim com você, é? Você brigaria com Deus por causa do seu bebê? Oh, não; você o ama demais para isso.

E você, irmão, está aturdido nos negócios, e sabe o que um mundano faz: se ele não tem nada além de religião exterior, reclama amargamente que Deus está sendo duro com ele, e briga com Deus; ou, talvez, para melhorar as coisas, faz o que não deveria fazer nos negócios — e os torna muito piores. Muitos mergulharam em especulações precipitadas até se destruírem comercialmente; mas você, como cristão, deve encarar as coisas com calma e tranquilidade: não lhe cabe especular, mas sim confiar. Sua força está em dizer: "O SENHOR o deu e o SENHOR o tomou; bendito seja o nome do SENHOR!" (Jó 1:21). Você não deve ser tão ávido por riqueza a ponto de estender a mão para praticar a iniquidade a fim de se apoderar das maçãs de ouro: isso é o inverso da fé.

Agora você deve comportar-se varonilmente e, no poder do Espírito Santo, com resignação — com mais do que isso: com uma doce aquiescência à vontade divina — para mostrar aos outros como um cristão consegue se comportar. Nunca admirei as palavras de Joseph Addison[1] como alguns o fizeram, que, quando estava prestes a morrer, mandou chamar um lorde conhecido e disse: "Veja como um cristão pode morrer". Há um pequeno alarde sobre isso; mas eu desejo que todo cristão diga em sua alma: "Mostrarei às pessoas como um cristão

[1] Joseph Addison (1672–1719) – Escritor, ensaísta e político inglês, cofundador dos periódicos *The Tatler* e *The Spectator*, que revolucionaram o jornalismo e a prosa literária no século XVIII. Notável por seu estilo elegante e influência no Iluminismo britânico. Sua peça "Cato" (1713) tornou-se um clássico político.

pode viver. Eu os deixarei ver o que é viver pela fé no Filho de Deus que me amou e se entregou por mim (Gálatas 2:20). Aqueles que não creem que existe um Deus ainda serão levados a sentir que deve haver um Deus, porque minha fé nele vai muito bem, e recebo bênçãos incontáveis como resultado dela".

Digo, com a maior sinceridade, que especialmente em tempos de tristeza e luto, quando outros estão sofrendo por terem perdido a alegria, e a luz de sua casa se apaga, é dever e privilégio daquele que crê, por meio da santa calma de seu coração, demonstrar sua confiança em Deus. Se a religião não pode ajudá-los em seus problemas, não vale a pena tê-la; se o Espírito de Deus não os sustenta quando vocês perdem seu amigo mais querido, vocês deveriam questionar se é o Espírito de Deus que está em vocês. Perguntem-se: "Será esse o Espírito que sustentou os mártires na fogueira?" Se agora que vocês estão passando por estas águas, vocês estão sendo levados por elas? Se a nossa fé brilha em tempos sombrios, assim como as estrelas são vistas à noite, então estamos bem.

Oh, que vocês e eu possamos, em todos esses aspectos, viver de tal forma que todos os que nos virem saibam que cremos no Senhor Jesus Cristo! Seria ridículo se uma vivesse em sociedade com um rótulo no peito: "Esta pessoa confia em Deus", e seria um sinal bastante claro de que ela precisaria ser assim identificada. Eu gostaria que vocês evitassem todos os filactérios distintivos em questões religiosas, por serem muito temperados com o fermento dos fariseus; mas quando a posse da piedade se proclama, assim como uma caixa de nardo precioso denuncia sua presença no ambiente, vocês não precisam se envergonhar disso.

Pompa e ostentação são viciosas, mas o uso irrestrito da persuasão e do exemplo é louvável. Nestes dias, quando as pessoas se gloriam de sua incredulidade, não sejamos tímidos com a nossa fé. Se, em um país livre, as pessoas não devem perseguir um infiel, certamente não devem silenciar aquele que crê. Não pretendemos contrabandear nossa religião pelo país. Ela não é mercadoria proibida e, portanto, a carregaremos abertamente à vista de todos os homens, e deixemos que digam, se quiserem: "Ele confiou no Senhor".

II

Em segundo lugar, esta confiança por parte daqueles que creem não é compreendida pelo mundo. "Ele confiou no Senhor que Ele o livraria". Observem que eles restringiram a confiança do Salvador a esse ponto — "Ele confiou no Senhor que Ele o livraria".

Mas agora, em primeiro lugar, nossa fé não se limita a meramente receber de Deus. Não, irmãos e irmãs; se o Senhor não nos livrar, confiaremos nele. Vejam com que firmeza Sadraque, Mesaque e Abede-Nego se mantiveram firmes em sua decisão de não se curvarem diante da imagem que Nabucodonosor havia erigido: "Se o nosso Deus, a quem servimos, quiser livrar-nos, Ele nos livrará da fornalha de fogo ardente e das suas mãos, ó rei. E mesmo que Ele não nos livre, fique sabendo, ó rei, que não prestaremos culto aos seus deuses, nem adoraremos a imagem de ouro que o senhor levantou" (Daniel 3:17).

Havia grande fé nesse "mesmo que não". Não devemos viver e esperar em Deus com um tipo de amor interesseiro, assim como um cão de rua pode seguir alguém em busca de ossos; mas devemos falar bem do nosso Deus, mesmo que Ele nos açoite, pois nisso reside tanto a verdade quanto a força da fé. Jó disse: "Temos recebido de Deus o bem; por que não receberíamos também o mal?" (Jó 2:10) "O SENHOR o deu e o SENHOR o tomou; bendito seja o nome do SENHOR!" (Jó 1:21) Aconteça o que acontecer conosco, se a nossa fé for obra do Espírito Santo, manteremos a nossa confiança em Deus.

Nossa fé tampouco se limita ao que chamam de livramento. É uma interpretação equivocada quando os inimigos dele dizem: "Ele confiou no Senhor que Ele o livraria"; porque, embora seja a verdade, não é toda a verdade. Nosso bendito Senhor continuou a confiar no Pai, embora o cálice não tenha passado dele (Mateus 26:39), e embora nenhuma legião de anjos tenha sido enviada para livrá-lo de Pilatos (Mateus 26:53). Embora o inimigo tenha tido permissão para exercer toda a sua malignidade sobre Ele até que seu corpo bendito fosse pregado no madeiro maldito (Gálatas 3:13), a fé de nosso divino Senhor e Mestre não foi abalada em sua firmeza.

Ele confiou em Deus por algo maior do que o livramento da morte, pois olhou para além do túmulo e disse: "Pois não deixarás a minha alma na morte, nem permitirás que o teu santo veja corrupção" (Salmos 16:10). Em todas as suas dores, seu coração disse: "Ele é o SENHOR. Que Ele faça o que achar melhor" (1Samuel 3:18) O mundo cego não consegue entender isso. Eles dizem, como o pai deles (João 8:44): "Será que é por nada que Jó teme a Deus?" (Jó 1:9) Eles insinuam que os cristãos confiam em Deus pelo que recebem dele.

Ora, muitas vezes pensei que, se o diabo pudesse ter dito de outra forma, teria ficado muito feliz em fazê-lo. Suponha que ele pudesse ter dito: "É por nada que Jó teme a Deus", então o mundo ímpio teria bradado: "Nós avisamos. Deus é um péssimo retribuidor: seus servos podem servi-lo tão perfeitamente quanto Jó, mas Ele nunca lhes dá qualquer retribuição". Felizmente, a queixa do acusador é exatamente o oposto. Nem de uma forma nem de outra, não há nada que agrade ao diabo, e agradá-lo não é algo que desejamos fazer. Que ele diga como quiser. Servimos a Deus e temos nossa retribuição. Mas se o Senhor não escolher nos dar exatamente o que buscamos, ainda assim confiaremos nele, pois é o nosso prazer. É uma interpretação equivocada dizer de um cristão que "ele confiou no Senhor que Ele o livraria", se ele deveria confiar por nenhuma outra razão. E, queridos amigos e amigas, nossa fé não está vinculada ao tempo.

Esse é o erro presente na afirmação no texto. Eles disseram: "Ele confiou no Senhor que ele o livraria" — é o mesmo que dizer: "Se Deus não o livrar agora, sua confiança terá sido uma loucura, e Deus não terá correspondido à sua convicção". Mas não é assim.

Irmãos e irmãs, se estamos no fogo esta noite e confiamos em Deus, nossa fé não significa que esperamos sair da fornalha neste exato momento. Não, podemos não sair hoje à noite, nem amanhã, nem no mês que vem, nem por anos. Não prendemos Deus a condições, esperando que Ele faça isto e aquilo, e então, se Ele, em sua sabedoria, não achar adequado fazê-lo, ameaçamos não confiar mais nele. O pior que poderíamos fazer seria tornar o Deus Eterno um escravo do tempo, como se Ele tivesse que fazer tudo à nossa vontade, e medir seus movimentos divinos pelo tique-taque de um relógio.

Deus libertou seu Filho Jesus, mas permitiu que Ele morresse primeiro; Ele foi sepultado antes de ser erguido do poder da morte; e se Ele não tivesse morrido e permanecido deitado no sepulcro, não poderia ter tido aquela esplêndida libertação que seu Pai lhe concedeu quando o ressuscitou dos mortos. Se Ele não tivesse se rendido à morte, não poderia ter havido ressurreição para Ele nem para nós.

Portanto, amados e amadas, pode ser que Deus ainda não tenha concretizado o propósito dele com vocês, nem os tenha preparado completamente para a altura da bênção à qual Ele ordenou a vocês. Recebam o que Ele vai lhes dar, e aceitem com gratidão os dolorosos acontecimentos que a antecederem. Palácios altos devem ter alicerces profundos, e leva muito tempo para escavar uma alma humana tão profundamente para que Deus possa construir nela um magnífico palácio de graça. Se for uma mera cabana que o Senhor vai construir em vocês, vocês podem passar por aflições menores; mas se Ele vai fazer de vocês um palácio para sua glória, então vocês podem esperar longas provações.

A cerâmica grosseira não precisa dos processos laboriosos que devem ser suportados por vasos de qualidade superior. O ferro, que se tornará uma espada para um herói, deve conhecer mais o fogo do que o metal que fica na estrada como um trilho. Sua eminência na graça só pode vir pela aflição. Vocês não confiarão em Deus se severas provações forem ordenadas a vocês? Claro que sim! O Espírito Santo será o ajudador todo-suficiente em suas fraquezas. É interpretação equivocada limitarmos o Santo de Israel a qualquer maneira específica ou a qualquer tempo para nos livrar. Que o Senhor do amor não seja tratado como uma criança na escola, como se Ele pudesse aprender qualquer coisa de nós!

Assim, também, nossa fé não deve julgar pelas circunstâncias presentes. O mundo ímpio julga que Deus não nos livrou porque agora estamos em dificuldades, e estamos aflitos por isso nesse momento. Oh, como o mundo julgou de modo tão errado a Cristo por sua condição! Coberto de suor sangrento e gemendo do fundo da alma a Deus sob as oliveiras à meia-noite (Lucas 22:39, 44) — ora, os que passavam por ali e não o conheciam devem tê-lo julgado como um amaldiçoado por Deus. "Vejam", teriam dito, "nunca ouvimos falar de alguém que suou sangue antes — suou sangue em oração; e ainda assim ouvimos seus gemidos. Deus não o ouve, pois o cálice, claramente, não se afasta dele".

Se alguém tivesse olhado para nosso Senhor Jesus quando Ele estava na cruz e o tivesse ouvido clamar: "Deus meu, Deus meu, por que me desamparaste?" (Mateus 27:46), certamente teria concluído que Ele era o mais ingrato e indigno dos seres humanos; pois, se tivesse sido um santo, sem dúvida, dizem eles, Deus não o teria abandonado. Sim, mas vejam, eles viram apenas um pouco da trajetória de nosso bendito Mestre. Eles apenas contemplaram um período de sua existência. Que erro grave foi ter julgado sua vida por sua breve paixão, ignorando seu grandioso propósito!

Vejam-no agora enquanto harpas inumeráveis soam seus louvores, e todo o céu se alegra ao observar sua glória, e o Pai o contempla com inefável prazer! Este é o mesmo Jesus que foi crucificado! O que vocês pensam dele agora? Não se deve medir alguém por um pedacinho de sua vida, nem mesmo por toda a sua trajetória terrena; pois isso não é nada comparado ao futuro oculto que o aguarda na eternidade.

Esses tais mediram a fé de Davi, e medem a nossa fé, pelo que veem em nós em um dia: estamos doentes, tristes, pobres, atribulados, e então dizem: "Nós avisamos! A fé deles não vale a pena, ou então não passariam por tanta dificuldade nem estariam em tanta aflição". Fé e sentimento estão em contraste. Circunstâncias externas nunca devem ser transformadas em testes do valor da confiança piedosa em Deus.

Não devemos julgar Deus por seus tratos conosco, nem nos julgar por isso; pelo contrário, apeguemo-nos a esta fé pura e simples: o Senhor é bom para Israel (Salmos 73:1). Amemos o Senhor por toda a eternidade do seu amor, e então por tudo, por cada gesto de sua mão, por cada olhar de reprovação, cada golpe e cada repreensão; pois Ele é bom em tudo, inalteravelmente bom.

Se com esta nossa fé oramos e suplicamos, e Deus não nos responde, e não nos ajuda, mas nos deixa na escuridão, ainda assim, não deixemos nossa confiança vacilar. Se alguém anda nas trevas e não vê a luz, que confie e continue confiando até que a luz venha.

Assim, acabamos de tocar em dois pontos: que a fé de uma pessoa verdadeira logo se torna conhecida, mas que, embora seja conhecida, geralmente é mal compreendida. Vivemos entre cegos; não nos irritemos porque eles não conseguem ver.

III

Em terceiro lugar, esta fé verdadeira será, com toda a probabilidade, zombada em algum momento. É uma grande honra para uma pessoa confiar em Deus e, assim, ter seu nome escrito no Arco do Triunfo que Paulo ergueu no capítulo onze de Hebreus, onde se vê nome após nome dos heróis que serviram a Deus pela fé. É glorioso misturar nossos ossos com aqueles que estão enterrados naquele mausoléu que ostenta este epitáfio: "Todos estes morreram na fé" (Hebreus 11:13). É honroso ser alguém que crê em Deus, mas há alguns que pensam exatamente o contrário, e começam a zombar dos que creem.

Às vezes, zombam da própria fé: consideram-na uma loucura de mentes fracas. Ou então, insultam a fé de um cristão em particular. "Oh", dizem, "ele professa confiar em Deus. Ele fala desse jeito louco! Ora, ele é um trabalhador como as outras pessoas — trabalha em uma loja junto comigo. O que o faz ter mais autoridade para confiar em Deus do que eu? Ele é convencido e fanático". Ou em outros círculos, bradam: "Este é um homem de negócios; ele tem uma loja, e ouso dizer que ele conhece tanto as artimanhas do ramo quanto nós, e ainda assim fala sobre confiar em Deus. Sem dúvida, ele finge ter essa fé para conquistar clientes religiosos".

Às vezes, a zombaria vem de alguém da sua própria família, pois os inimigos da fé moram na mesma casa que ela. Já se ouviu o marido dizer à esposa: "Tolice ridícula, essa sua confiança em Deus!" Sim, e os pais dizem o mesmo aos filhos santos. E, ai!, os filhos crescem falando da mesma maneira com seus pais, ferindo seus corações, como se a fé em Deus fosse algo que pudesse ser ridicularizada, em vez de ser a coisa mais sábia, apropriada e racional sob o céu. A fé em Deus é algo a ser reverenciado em vez de insultado.

A verdadeira religião é o bom senso santificado. É a coisa mais sensata do mundo depositar sua confiança em alguém que não pode mentir. Se confio em mim mesmo ou em meu próximo, sou considerado, no primeiro caso, autoconfiante, e, no segundo, sou julgado como tendo uma disposição caridosa; contudo, em ambos os casos, mais cedo ou mais tarde, provarei minha insensatez. Mas, se confio em Deus, quem pode apresentar uma razão contra minha confiança? O que há de ridículo em alguém confiar em seu Criador? Pode falhar aquele que criou os céus azuis, que estabeleceu os fundamentos da terra e derramou as águas do grande mar? Pode Ele revogar sua promessa por ser incapaz de cumpri-la? Pode Ele quebrar sua palavra porque as circunstâncias o dominam e impedem seu cumprimento? "Confiem sempre no Senhor, porque o Senhor Deus é uma força eterna" (Isaías 26:4).

Chegará o dia em que todos os seres inteligentes saberão que a descrença em Deus é insensatez, mas que a fé no Eterno é sabedoria essencial. Que Deus nos dê mais fé nele mesmo. Sem dúvida, podemos esperar ainda mais risada dos ímpios, que farão de nós um espetáculo por causa da nossa fé (1Coríntios 4:9): mas e daí? Podemos suportar a zombaria e muito mais por causa daquele que morreu por nós.

E então as pessoas zombam da própria ideia da intervenção divina. Julgam o livramento do Senhor como o ponto principal da nossa fé. "Ele confiou no Senhor que Ele o livraria". "Vejam", dizem eles, "ele imagina que Deus o livrará, como se o Criador não tivesse mais nada a fazer além de cuidar dele, pobre criatura miserável que é! Ele não é nada para Deus — um mero grãozinho, o inseto que vive uma hora —, e ainda assim confia em Deus para intervir em seu favor".

Os filósofos riem sempre que se fala em intervenção divina e consideram que devemos estar no último estágio da loucura para esperar algo assim. Eles creem em leis, dizem eles — leis irreversíveis, imutáveis, que vão rangendo como as grandes engrenagens de uma máquina que, uma vez colocadas em movimento, destroem tudo o que cruza seu caminho. Eles não creem que Deus cumpra promessas, responda orações ou dê livramento ao seu povo. Seu Deus é uma força morta, sem mente, pensamento, amor ou cuidado.

Aquele que, por natureza, age de acordo com a lei, ainda assim é considerado como que não tendo poder para executar sua própria palavra — a qual deve ser sempre lei para um ser sincero. Ora, alguns de nós tem tanta certeza de que Deus interveio por nós, como se Ele tivesse rasgado os céus e estendido sua destra visivelmente diante dos olhos de todos os observadores.

Os sábios riem de nós por isso, mas não nos envergonhamos; em vez disso, respondemos: "Riam se quiserem, e pelo tempo que quiserem. Mas diariamente recebemos inumeráveis bênçãos de Deus em resposta aos nossos clamores, e a risada de vocês nos afeta tanto quanto o barulho dos cães junto ao Nilo perturba o curso do rio. Creremos apesar de toda sua alegria zombeteira; e se quiserem continuar com sua risada, nós também continuaremos com a nossa fé.

O objeto do desprezo do ímpio é a ideia de que Deus intervenha para ajudar o seu povo nos assuntos humanos. Mas permaneçam firmes nisso, ó verdadeiros cristãos, pois Ele ainda se mostra forte em favor daqueles que confiam nele. Que digam, e riam de vocês enquanto dizem: "Ele confiou no Senhor que Ele o livraria", mas que nenhuma dessas coisas os abale.

Além disso, essa zombaria se estende aos tipos de fé no amor divino. "Que Ele o livre", dizem eles, "pois nele tem prazer". Talvez vocês tenham contado imprudentemente a história do amor especial de Deus aos que agora se divertem com vocês. Vocês lançaram suas pérolas aos porcos (Mateus 7:6), e eles se voltaram para despedaçá-las. Eles dizem: "Este aqui diz que Deus o ama mais do que os outros; que o escolheu antes que o mundo existisse; que o remiu dentre os seres humanos com o sangue de Cristo; que o chamou pelo seu Espírito Santo; que o fez participar de seus mistérios e o fez seu filho"; e então riem novamente com força, como se fosse uma piada extremamente engraçada. Como o mundo se enfurece contra o amor que elege soberanamente! Ele não suporta nenhuma forma de graça especial. A ideia de que alguém seja mais amado pelo céu do que outro é rejeitada como algo horrível.

Os pagãos não conseguiam entender um certo santo corajoso, porque ele chamava a si mesmo *teóforo*, ou "portador de Deus"; mas ele insistia que era assim, e isso deixava seus inimigos ainda mais irados. Deus habitava nele, dizia ele, e não abandonaria sua feliz crença; por causa disso, eles não paravam de zombar. Foi o cumprimento do texto: "Que Ele o livre, pois nele tem prazer". Podemos nos dar ao luxo de suportar essas zombarias; pois, se formos amados por um rei, não importará muito se formos ridicularizados por seus súditos. E se formos amados por Deus, pouca importância terá se todos nos fizerem alvo de seus gracejos.

Os ímpios são extremamente propensos a se divertirem com as provações envolvidas na vida e na caminhada da fé. Seu brado de "que Ele o livre" implica que sua vítima estava em sérias dificuldades das quais não conseguia se desprender. Isso não é novidade para aquele que crê, mas causa um grande divertimento aos ímpios. "De que adianta a fé se o cristão sofre como os outros e suporta as mesmas dores, perdas e doenças que os demais?", assim argumentam as pessoas do mundo. Elas também creriam se isso lhes trouxesse uma fortuna, ou um bom salário, ou pelo menos uma mesa farta e um copo cheio. Mas quando veem um santo sentado em um monte de estrume com Jó (Jó 2:8), ou na cisterna com José (Gênesis 37:24), ou no calabouço-cisterna com Jeremias (Jeremias 38:6), ou entre os cães com Lázaro (Lucas 16:20,21), eles zombam e bradam: "É esta a recompensa da piedade? É esta a recompensa de se temer a Deus?"

Eles gostam de nos espionar em nossos tempos de angústia e nos insultar pela nossa confiança em Deus; e, infelizmente, há tanta incredulidade em nós que somos todos muito propensos, em tais momentos, a questionar a justiça e a fidelidade do Senhor, e a dizer com Davi: "Com certeza foi inútil conservar puro o meu coração e lavar as minhas mãos na inocência" (Salmos 73:13). Parece difícil para nós sermos zombados pelos vis da terra, nos tornando tema para canções e provérbios de zombaria dos ímpios; no entanto, isso aconteceu com os excelentes da terra, e acontecerá novamente. Considerem que isso é parte da herança da aliança e aceitem-na com alegria por amor a Cristo.

IV

Agora, devo concluir com este ponto — embora haja muito mais a ser dito: chegará o tempo em que a fé daquele que confiou em Deus será abundantemente justificada.

Acho que não é pouca coisa ter o ímpio testemunhando: "ele confiou no Senhor que Ele o livraria". Eu aprendi o que é ser extremamente grato a homens ímpios por me ajudarem a crer que sou verdadeiramente um filho de Deus.

Alguém, anos atrás, proferiu uma mentira atroz contra mim — uma calúnia abominável. Eu estava muito abatido e desanimado na época; mas quando li isso, bati palmas de alegria, pois senti: "Agora tenho uma das marcas e selos de um filho de Deus, pois está escrito: 'Bem-aventurados são vocês quando, por minha causa, os insultarem e os perseguirem, e, mentindo, disserem todo mal contra vocês'" (Mateus 5:11).

O amor dos irmãos do Senhor e o ódio dos inimigos do Senhor são duas coisas desejáveis. Podemos concluir que não somos dos ímpios quando eles não nos toleram em sua companhia, quando a nossa própria presença os irrita, e eles começam a reclamar e zombar. Aconteceu conosco exatamente como Jesus disse: "Se vocês fossem do mundo, o mundo amaria o que era seu; mas vocês não são do mundo — pelo contrário, eu dele os escolhi — e, por isso, o mundo odeia vocês" (João 15:19). De modo que há, por assim dizer, justificação da nossa fé, mesmo vinda dos lábios dos adversários, e devemos ser gratos por isso, em vez de ficarmos abatidos.

Outra justificação nos aguarda, e no devido tempo ela virá. Irmãos e irmãs, chegará o dia em que Deus dará livramento ao seu povo. Vocês serão tirados da sua tribulação — pode não ser imediatamente, mas será em momento oportuno. Vocês podem, com muita sabedoria, nesse meio tempo, aprender a se gloriar em suas tribulações; suas amarguras se transformarão em doçuras, e suas perdas, em ganhos; suas tristezas serão suas alegrias, suas lutas, seus triunfos — talvez nesta vida essa transformação possa ocorrer, assim como o Senhor deu a Jó o dobro do que ele tinha antes (Jó 42:10); mas certamente na vida por vir, vocês verão a situação se inverter. Então, o que dirão os ímpios? Eles dizem agora: "Ele confiou no Senhor que Ele o livraria", mas serão compelidos a dizer, rangendo os dentes: "Deus o livrou".

Enquanto os ímpios ridicularizam a ideia de que Deus tem prazer em seu povo, chegará o dia em que serão levados a ver que Ele tem prazer neles. Quando o Senhor aparecer em favor de seu povo e lhes der "beleza em vez de cinzas, óleo de alegria em vez de pranto" (Isaías 61:3), os ímpios rangerão os dentes e se encherão de confusão. Quando o Senhor desfizer nosso cativeiro (Salmos 126:1), até mesmo nossos inimigos mais desesperados serão levados a dizer: "Grandes coisas o SENHOR tem feito por eles" (Salmos 126:2). Eles se maravilharão e ficarão profundamente aborrecidos ao ver como o Senhor tem favor para com seus escolhidos.

Se não o virem nesta vida, oh, que demonstração os ímpios verão de seu prazer em seu povo no mundo vindouro! O rico vê Lázaro no seio de Abraão: que visão para ele! (Lucas 16:19-31) Aqueles que zombam do pobre povo de Deus aqui, os verão exaltados a reis e sacerdotes, para reinar com Cristo para todo o sempre (Apocalipse 1:6), e o que dirão, então? O que podem dizer senão serem compelidos a testemunhar que a fé deles foi justificada.

Irmãos e irmãs, no último grande dia, os ímpios serão testemunhas em favor dos santos. Se alguém duvidar se os santos confiaram em Deus, os ímpios serão compelidos a se apresentar e dizer: "Eles confiaram, pois rimos deles por isso". Deste e daquele, dirão: "Ele confiou no Senhor que Ele o livraria". Naquele dia, os incrédulos testemunharão prontamente contra si mesmos; pois, assim como ridicularizaram os filhos de Deus aqui, eles terão isso lido diante deles como evidência de sua inimizade contra o Senhor; e como responderão a isso?

Uma pessoa geralmente se entristece muito com qualquer um que fere seus filhos. Conheci um homem que se comportou pacientemente com seus vizinhos e suportou muita coisa deles. Mas quando um deles agrediu seu filho, eu o vi irado ao extremo. Ele disse: "Não suporto isso, não vou olhar e ver meus próprios filhos maltratados". O Senhor diz: "aquele que tocar em vocês toca na menina dos meus olhos" (Zacarias 2:8). Jesus se levanta do seu trono em glória e se levanta indignado — enquanto seu servo Estêvão está sendo apedrejado (Atos 7:59).

Se eu não tivesse outra diversão, não zombaria do povo de Deus por isso; pois será difícil para aqueles que zombam dos santos do Altíssimo com alegria profana. Se algum de vocês já fez isso — se o fez por ignorância —, que o Senhor o perdoe, e o faça ser contado entre o seu povo, como o foi Saulo de Tarso; e se algum de vocês o fez conscientemente, seja humilde e arrependido, e o Senhor o perdoará e o receberá entre o seu povo.

Mas, se vocês insultam ou bajulam, tanto faz para nós. Estamos em um impasse com vocês: confiamos em Deus que Ele nos livrará, e não podemos ser desfeitos dessa confiança. Ó zombadores, não seremos enganados em nossa esperança, nem zombados em nossa paz. Não podemos encontrar ninguém em quem confiar como o nosso Deus, e por isso não nos afastaremos dele na vida ou na morte, mas descansaremos nele, aconteça o que acontecer, até vê-lo face a face.

SERMÃO PROFERIDO EM 1881

4

FÉ: O CAMINHO PARA AGRADAR A DEUS

De fato, sem fé é impossível agradar a Deus, porque é necessário que aquele que se aproxima de Deus creia que Ele existe e que recompensa os que o buscam.

Hebreus 11:6

"SEM fé", diz o texto, "é impossível agradar a Deus". No entanto, nem todos têm fé. Mesmo entre aqueles que ouviram o evangelho, muitos não o obedeceram. Isaías não é o único que teve que clamar: "Quem creu em nossa pregação? E a quem foi revelado o braço do Senhor?" (Isaías 53:1) Se é verdade que "sem fé é impossível agradar a Deus", o que acontece com a multidão que ouviu, mas não creu, a quem a palavra desta salvação chegou, mas foi rejeitada? É de se temer que Deus jure novamente em sua ira: "Eles não entrarão no meu descanso" (Salmos 95:11).

Os israelitas não podiam entrar em Canaã por causa da incredulidade (Hebreus 3:19), e as pessoas de hoje não podem entrar nos privilégios do evangelho por causa da incredulidade. Tenhamos compaixão e oremos por aqueles que não têm fé. Oh, que Deus ouça o clamor de seus filhos e opere a fé nas pessoas, pois isso também é dom de Deus! (Efésios 2:8) Não apenas a bênção que Ele promete, mas até mesmo a mão pela qual a recebemos, deve vir dele.

Há alguns que têm um tipo de fé, e estes estão, talvez, em uma condição mais perigosa do que aqueles que não têm nenhuma, porque são propensos a enganar a si mesmos e a imaginar que estão debaixo da graça divina, enquanto ainda estão em um estado natural. A fé que agrada a Deus não é uma fé fingida, nem uma fé morta, nem uma fé falsa, nem uma fé em uma mentira. É fé na verdade, é fé verdadeira, é fé espiritual. A fé que salva a alma e a torna agradável diante de Deus é a fé real.

Muitos dizem que creem em algo, mas não creem verdadeiramente, não é real para eles. Eles dizem: "Sim, tal e tal doutrina é verdadeira", e a escrevem em seu credo, e então guardam o credo na prateleira de cima de sua estante, e ele fica lá coberto de poeira. Uma pessoa só crê naquilo que produz efeito. Se for uma verdade importante, se ela realmente crê nela, ela tocará cada nervo de seu ser. Muitas vezes a impedirá de seguir um caminho, e com igual força a impelirá para outro, pois é a força motriz mais ativa do mundo inteiro.

"A fé que opera pelo amor" (Gálatas 5:6) opera todos os tipos de maravilhas. E onde há essa fé verdadeira, ela provará sua realidade por seu agir. A fé dos eleitos de Deus não é uma fé morta. "Deus não é Deus de mortos, e sim de vivos" (Mateus 22:32), nem é o Deus da fé morta, mas é o da fé viva. Que Ele nos conceda esta verdadeira bênção! Mas se tivermos apenas uma fé intelectual, nominal e histórica, que não afeta em nada nossas vidas, estamos na mesma condição daqueles que não têm fé, e nos enquadramos na descrição do texto: estamos "sem fé", e "sem fé é impossível agradar a Deus".

Antes de começar a considerar o texto, gostaria de fazer uma espécie de busca neste lugar para encontrar aqueles que não têm fé. Sem fé, você está sem Deus, pois Deus só é apreendido pela fé. Sem fé, você está sem esperança, pois uma verdadeira esperança só pode brotar de uma verdadeira fé. E você está sem Cristo — consequentemente, sem um Salvador, sem os meios para remover o seu pecado, sem uma ajuda com a qual lutar diariamente a batalha da vida contra o pecado. Estar sem os olhos, sem audição, sem riqueza, sem pão, sem vestes, sem um lar, é melhor do que estar sem a fé que traz tudo do que a alma necessita! Sem fé, estamos, de fato, espiritualmente nus, pobres e miseráveis (Apocalipse 3:17,18), perdidos e condenados, e sem esperança de escapar.

"Sem fé". Se isso pudesse ser escrito como uma etiqueta correta e pendurada em suas costas, vocês talvez não se envergonhassem de usá-la. Mas se um anjo pudesse vê-la em sua testa como a descrição do seu caráter, tenho certeza de que ele estaria muito preocupado com vocês. Mas esse seu semelhante que lhes fala — que deseja muito falar de modo que vocês não saiam deste lugar sem fé — sente-se perturbado por haver alguém nesta terra onde há Bíblias, dias de culto, avivamentos, e é pregado o evangelho, que já tenha atingido a maturidade e, ainda assim, seja tão tristemente imprudente a ponto de viver "sem fé".

O texto diz: "sem fé é impossível agradar a Deus"; e então observem, primeiro, queridos amigos e amigas, a vida daquele que vive sem fé. A verdadeira fé é sem Cristo? Oh, seria infinitamente melhor ser... Vou me ater ao texto. A necessidade da fé é afirmada. Depois de afirmarmos isso, passaremos à necessidade da fé comprovada, para que vocês possam ver, cada um com seus próprios olhos da mente, que deve ser assim — que "sem fé é impossível agradar a Deus". E então, encerraremos com a necessidade da fé usada para nosso proveito; tentaremos extrair algumas lições dela para nossa própria orientação prática.

I

Primeiro, então, aqui está a necessidade da fé afirmada: "Sem fé é impossível agradar a Deus".

Observem que não há limite para esta afirmação: "Sem fé é impossível agradar a Deus". Esta lei se aplica universalmente a todas as pessoas sob a dispensação do evangelho. Há muitas pessoas ansiosas por saber sobre o futuro dos pagãos, mas podemos muito bem deixá-los para o grande Juiz de todos, desejando sinceramente levá-los à fé que está em Cristo Jesus. É muito mais prático pensarmos naqueles a quem a fé é possível, porque o evangelho chegou a eles e eles o ouviram. A declaração do nosso texto, "sem fé é impossível agradar a Deus", aplica-se a todas as pessoas, quaisquer que sejam.

Vejam como as pessoas estão sepultadas hoje em dia. Um homem foi rei, então é claro que ele deve ser chamado "Sua Majestade Religiosíssima"; e embora sua alma, carregada de mil crimes, tenha afundado profundamente no abismo da desgraça, ainda há muitos que supõem que deve estar tudo bem com ele porque ele era um rei. E se alguém é poeta e consegue escrever belos versos, ainda que impregnados de luxúria, ainda assim há quem suponha que tal pessoa "culta" não possa se perder. "Por certo", disse um profano certa vez, "Deus pensará duas vezes antes de condenar um cavalheiro como esse". E o que o cético disse sarcasticamente é, sem dúvida, uma noção comum a muitas pessoas: se as pessoas pertencem ao que se chama de "níveis mais altos da sociedade", ou por acaso são amplamente dotados de certa capacidade, ou tiveram um sucesso eminente na vida, ou foram grandes inventores, e assim por diante, tudo deve estar bem com eles. Mas que todos saibam que "sem fé é impossível agradar a Deus".

"Mas", diz alguém, "as pessoas têm sido muito sinceras na busca da religião externa, e têm sido morais, amáveis e benevolentes; isso não têm agradado a Deus?" Não me cabe usar discursos bajuladores, pois meu texto é muito abrangente: "Sem fé é impossível agradar a Deus". Aquele que não obteve essa fé perdeu o ponto vital; se tivesse começado com ela, sua amabilidade, sua moralidade, sua benevolência teriam sido aceitáveis, pois nelas haveria a flor da vida — a fé que os faz viver. Mas sem ela, tais coisas são frias, sem alma, mortas — meras carcaças de virtude, desprovidas de vida. "Sem fé", em qualquer caso e em todos os casos, "é impossível agradar a Deus".

E assim como o texto é universal quanto às pessoas, também o é quanto a toda forma de agir e de adoração. Não importa o que seja feito, "sem fé é impossível agradar a Deus". Um belo número de asilos para necessitados surgiu do generoso legado daquela pessoa, mas esses asilos nunca agradaram a Deus, pois não foram construídos com fé nele. Uma doação generosa foi concedida à igreja. Sim, e aqueles que a receberam foram gratos por tal ajuda, mas Deus nunca a aceitou, pois aquele que a deu esperava comprar o perdão, ou comprar um lugar no céu, ou fazer alguma expiação por suas injustiças contra os pobres.

"Sem fé", embora milhões fossem despejados nos cofres da igreja, "sem fé é impossível agradar a Deus". Posso dizer da fé o que Paulo disse do amor: "ainda que eu distribua todos os meus bens entre os pobres e ainda que entregue o meu próprio corpo para ser queimado, se não tiver amor, isso de nada me adiantará" (1Coríntios 13:3). Os atos mais abnegados e heroicos, sempre que realizados por qualquer outro motivo que não o de agradar a Deus, e sem confiança em Deus, permanecem inaceitáveis por ele.

"Sem fé é impossível agradar a Deus". Este não é um ensinamento que a maioria goste, mas nunca desejamos ensinar uma teologia que a maioria goste. Não é algo que agrade à mente natural dos seres humanos. Nunca imaginamos que isso aconteceria, e teríamos ficado perplexos se nossa pregação tivesse sido admirada por tais pessoas — teríamos retornado para casa e sentido que não fomos enviados por Deus para pregar. Mas, no entanto, isso é verdade: "sem fé é impossível agradar a Deus".

Observem que o texto menciona duas coisas. Diz: "é necessário que aquele que se aproxima de Deus creia que Ele existe e que recompensa os que o buscam". Ou seja, ao se aproximar de Deus e ao buscá-lo, é preciso haver fé. Ao se aproximar de Deus, se houver oração, qual o valor dessa oração oferecida sem qualquer fé em Deus? Se alguém ora a um Deus que ele não sabe que realmente existe, não está, mesmo do seu próprio ponto de vista, engajado em um exercício totalmente sem sentido? E para o próprio Deus deve ser uma zombaria terrível.

Ó senhores e senhoras, é preciso haver fé, ou então a oração certamente se torna a mais inútil perda de tempo! E quanto ao louvor, como podemos louvar um Deus desconhecido? Se não temos fé na existência de um Deus, como podemos louvá-lo? Como podemos exaltar um ser cuja existência questionamos? Mais do que isso, não posso louvar a Deus a menos que saiba que Ele é meu. Como posso bendizer o Deus de outra pessoa? Como posso oferecer ao Deus de outro ações de graças por misericórdias que nunca experimentei e por favores dos quais nunca participei? Deve haver um senso de relacionamento pessoal com Deus, obrigação pessoal, confiança pessoal e apego a Ele. Caso contrário, em vão o salmo é cantado, mesmo com a música mais nobre.

E eu creio, queridos amigos e amigas, que se eu me achegar a Deus em matéria de pregação e testemunho, se o fizer sem fé, minha obra não poderá ser aceitável a Deus, e não creio que seja aceitável a vocês por muito tempo. Para mim, pareceria uma escravidão ter que pregar o que eu não creio. Se eu tivesse a mínima sombra de dúvida sobre isso, me esconderia até ter algo a dizer sobre o qual estivesse convicto. Como podemos esperar a bênção de Deus sobre o testemunho de seu Filho — mesmo que seja apresentado nas exatas palavras da Escritura e seja doutrinariamente preciso até o mais ínfimo detalhe —, se a fé não estiver misturada a Ele, tanto por aquele que prega quanto por aquele que ouve? "Sem fé", em qualquer ato, por mais religioso, devoto e abnegado que seja, "é impossível agradar a Deus".

Além disso, caros amigos e amigas, observem que, embora o texto seja abrangente em sua universalidade, também é muito positivo em sua afirmação. Não diz: "Sem fé é difícil agradar a Deus", ou: "Sem fé, é preciso grande abnegação monástica, disciplina rígida, austeridade e sofrimento para agradar a Deus". Não, pois essas coisas não o agradam de forma alguma. Mas ele diz: "Sem fé é impossível agradar a Deus". Não é como vi certa vez no interior, quando colocaram um portão com cinco barras atravessando a estrada e pintaram nele a palavra "Privado". Não, é como se tivessem erguido um muro bloqueando completamente a estrada, ou cavado um abismo atravessando esse caminho errado, e dissessem: "É impossível." "Sem fé é impossível.".

Nosso Salvador fala do que é quase impossível: a dificuldade de um rico entrar no reino dos céus, e a compara a um camelo passando pelo buraco de uma agulha, e então diz: "Para os seres humanos isto é impossível, mas para Deus tudo é possível" (Mateus 19:23-26). Mas nosso texto trata de algo que é impossível para o próprio Deus. "Sem fé é impossível agradar a Deus". É uma dupla impossibilidade — um incrédulo agradar a Deus e Deus se agradar de um incrédulo. Não é possível que Ele se agrade de obras feitas na incredulidade, ou de pessoas que permanecem na incredulidade.

Observem, também, que há outra frase forte no texto, uma frase imperativa: "porque é necessário que aquele que se aproxima de Deus creia — é necessário que creia". Não é: "aquele que se aproxima de Deus deve crer, e na proporção em que crer receberá uma bênção, mas se for incrédulo, receberá apenas uma bênção menor". Não; mas diz: "É necessário que aquele que se aproxima de Deus". "*É necessário*" é uma frase de um rei ou de um imperador. É uma verdade imperial e imperiosa que "é necessário que aquele que se aproxima de Deus creia que Ele existe e que recompensa os que o buscam".

Às vezes somos chamados de dogmáticos. Existe algum dogmatismo que possa ser mais intenso do que o que temos em nosso texto? Ele diz: "*impossível*". Diz: "*é necessário*". Estas são palavras que não devem ser distorcidas e deturpadas. Alguns têm um grande dom em distorcer palavras e em distorcer expressões. Eles parecem dobrá-las sobre os joelhos e quebrar seu significado em dois. Mas esse texto não se deixa dobrar ou quebrar: "Sem fé é impossível agradar a Deus, pois é necessário que aquele que se aproxima de Deus creia".

Além disso, observem que o texto não apenas faz essa afirmação positiva, mas pretende ser uma mensagem perpetuamente em vigor. "Sem fé é impossível agradar a Deus" evidentemente se refere ao passado. Leiam o versículo anterior e verão que é assim: "Pela fé, Enoque foi levado a fim de não passar pela morte; não foi achado, porque Deus o havia levado. Pois, antes de ser levado, obteve testemunho de que havia agradado a Deus". Sempre foi assim, sob toda aquela antiga dispensação. Com aqueles poderosos patriarcas, reis e profetas, era impossível agradar a Deus sem fé; assim é agora, e assim sempre será, até que o tempo não mais exista. Ainda permanece o decreto imutável: "Quem crer e for batizado será salvo; quem, porém, não crer será condenado" (Marcos 16:16) — sendo este o equivalente do evangelho desta declaração do apóstolo: "Sem fé é impossível agradar a Deus". Sempre é assim, queridos amigos e amigas, e sempre será. Não há esperança de que qualquer outra porta seja aberta para aqueles que se recusam a entrar pela porta da fé.

No entanto, mais uma vez, o texto fala de forma muito instrutiva. Ela nos diz que há certas realidades absolutas e certas coisas que são imperativas: "É necessário que aquele que se aproxima de Deus creia que Ele existe". Se vocês quiserem se aproximar de Deus, precisam crer que existe um Deus, e precisam crer que Deus é o que Ele diz ser. Caso contrário, se vocês fizerem Deus ser diferente do que Ele diz ser, vocês farão de Deus um ídolo — o deus de vocês é um ser imaginário. Vocês devem aceitar Deus como Ele é revelado nas Escrituras. O que Ele diz que é, isso é o que Ele é; e o que Ele é, vocês devem crer, crendo que Ele existe, e que Ele é Deus.

Oh, mas como é fácil para um ser humano se afastar dessa verdade elementar e dizer: "Oh, sim; eu creio em Deus!" Mas vocês creem na justiça inflexível? Vocês creem em misericórdia infinita? Vocês creem em uma onisciência que não pode deixar de ver? Vocês creem na onipresença que nunca pode deixar de estar onde você está? Vocês creem em tudo isso? Porque, se não, vocês não creem em Deus. Vocês podem crer em sua própria ideia de Deus, mas vocês não creem realmente em Deus.

Se vocês quiserem vir a Deus, vocês devem crer que Ele é o que Ele diz que é. Em sua Palavra, Ele se revela como um Deus, Pai, Filho e Espírito Santo. Vocês aceitarão suas declarações sobre si mesmo? Então, quando orar, vocês deixarão de proferir uma oração ao ar, e falarão ao ouvido de Deus, crendo que Ele ouve cada palavra que você profere e, mais ainda, que Ele lê os pensamentos que se escondem por trás de suas palavras? Essa é a maneira de buscá-lo corretamente. Para chegar a Ele, precisamos chegar a Ele como o Deus vivo (Jeremias 10:10), tendo uma existência real e uma personalidade verdadeira. Caso contrário, não podemos chegar a Ele de forma alguma.

E, além disso, devemos crer que "Ele é *recompensador* dos que o buscam" — pois esse é o significado da palavra grega. Devemos crer que Deus recompensará os que o buscam e que, portanto, vale a pena buscar a Deus. Que, embora possa ser custoso seguir a Deus e cumprir suas ordens, ainda assim será recompensado a vocês; que há uma grande recompensa em guardar seus mandamentos; que Ele ouve orações; que Ele concede grandes bênçãos aos que verdadeiramente o buscam. Devemos crer nisso, ou então não há busca real por Ele.

É imprescindível, se quisermos chegar a Deus, que creiamos que Ele existe e que é recompensador dos que o buscam. Mas Deus não pode recompensar aqueles que o buscam com base em seus méritos, pois eles não têm nenhum; portanto, deve ser com base na graça. Isso nos leva a crer, como base essencial de nossa fé, que cremos em Jesus Cristo, por cujo mérito somos aceitos; que, buscando a Deus diligentemente, o encontramos em Cristo; e isso nos traz a grande recompensa do evangelho.

Deus nos concede seu favor, sua graça e as bênçãos de sua aliança como uma recompensa graciosa, não por causa de nossos méritos, mas por causa dos méritos de seu Filho Jesus Cristo. Devemos crer nisso, ou não teremos realmente chegado a Deus de forma correta. Essa é a doutrina afirmada em nosso texto: "sem fé é impossível agradar a Deus".

II

Agora, quero me deter por alguns minutos na necessidade da fé comprovada. Qual é a razão pela qual há tanta necessidade de fé para agradar a Deus?

Nossa resposta é, em primeiro lugar: Deus disse isso. Basta que estas sejam as palavras da inspiração, apoiadas por muitas outras palavras semelhantes em todo o Livro sagrado e infalível. Aqui está: "Sem fé é impossível agradar a Deus". Deus diz isso. Ele sabe qual é a verdade, pode falar sobre o que lhe agrada e, portanto, não devemos duvidar do que Ele declara.

Contudo, como confirmação da nossa fé, observemos que na própria natureza das coisas, assim tem de ser. Nenhum homem pode agradar-se de outro que não crê nele. Se uma pessoa não dá crédito a vocês por retidão e honestidade, ela pode professar fazer a sua vontade e desejar agradá-los, mas vocês sentem imediatamente que, independente do que ela faça, ela não atinge a necessidade fundamental de realmente agradá-los. Deixem uma pessoa ter a convicção de que vocês são cruéis e injustos, deixem-na sentir que não poderia confiar em vocês — bem, não vejo como ela pode ser uma pessoa agradável para vocês, ou como vocês provavelmente se darão bem com ela em suas casas, independentemente do que ela faça.

A desconfiança dividiu homens e mulheres cujos corações pareciam um só; onde a confiança se extinguiu, o amor também se extinguiu para sempre; e dificilmente consigo conceber um sofrimento mais intolerável do que a de um homem e uma mulher que não confiam um no outro estarem unidos.

Pela própria natureza das coisas, se quisermos ser unidos a Deus por sua graça, um dos termos essenciais dessa união deve ser, de nossa parte, a mais plena crença nele. Não vejo como podemos esperar estar em harmonia com Deus, como podemos caminhar na mesma direção com Ele, como podemos de alguma forma nos reconciliar consigo, a menos que, como um passo preliminar, estejamos decididos a crer em Deus e a confiar nele. "Sem fé", pela natureza das coisas, "é impossível agradar a Deus".

E, queridos amigos e amigas, a pessoa que não tem fé não é aceita por Deus. Em toda a Escritura, a fé é mencionada como o grande método de justificação. Somos justificados pela fé por meio de Jesus Cristo. Se, portanto, não tenho fé, não sou considerado justo diante de Deus, e todas as obras de uma pessoa inaceitável devem ser inaceitáveis. Se tal pessoa é inimiga de Deus, não importa o que ela faça, pois como pode agradar a Deus? Vocês não podem esperar que Deus receba algo de suas mãos, quando vocês começam declarando que não confiarão nele. Não pode ser. Por mais que vocês multipliquem suas boas obras com o objetivo de se salvar e, com isso, agradar a Deus, vocês estão claramente visando a um propósito que Deus declarou não estar de acordo com a mente dele. “Ninguém será justificado diante de Deus por obras da lei” (Romanos 3:20).

Se, então, vocês persistem em fazer coisas visando à salvação, estão perseguindo um plano que Deus declarou que jamais aceitará. Vocês devem chegar a Ele como pecadores para serem justificados por outra justiça melhor que a de vocês, ou então acontecerá com vocês como aconteceu com o antigo Israel. Eles tinham zelo por Deus, mas não com entendimento. E, procurando estabelecer a sua própria justiça, não se sujeitaram à justiça que vem de Deus (Romanos 10:2,3); e, por isso, tropeçaram naquela pedra de tropeço e rocha de ofensa (1Pedro 1:8), e se quebraram em pedaços e pereceram. Que Deus nos livre de tentar fazer o que Ele diz que não pode ser feito! “Sem fé é impossível agradar a Deus”.

Observem, além disso, que uma pessoa sem fé em Deus despreza grosseiramente a Deus e, portanto, não pode agradá-lo. Ele, na verdade, nega a verdade de Deus. “Aquele que não crê em Deus faz dele um mentiroso” (1João 5:10). Assim diz João, o mais manso e o mais compassivo de todos os apóstolos. “Aquele que não crê em Deus faz dele um mentiroso, porque não crê no testemunho que Deus dá a respeito do seu Filho”.

Ora, se um homem começa fazendo de Deus um mentiroso, como Deus pode se agradar dele? Talvez vocês digam: “Não duvido da veracidade de Deus, mas questiono seu poder de cumprir sua promessa a um pecador como eu”. Mas, meu amigo, você não vê que cometeu um grave insulto ao Senhor com tal declaração? Ele afirma ser onipotente. Ele pergunta: “há alguma coisa demasiadamente difícil para mim?” (Jeremias 32:28) Ele diz: “Voltem-se para mim e sejam salvos, vocês, todos os confins da terra; porque eu sou Deus, e não há outro” (Isaías 45:22). Contudo, você ousa dizer que Ele não pode salvá-lo. Você insultou o poder dele. Como pode agradá-lo?

"Oh, mas", diz você, "eu... eu não tenho dúvidas de que Deus pode cumprir sua promessa, e que Deus o fará. Mas ainda assim não consigo imaginar que Ele possa perdoar um pecador como eu". Agora você insultou a bondade dele. Ele é tão bom que você não pode supor que Ele seja melhor. Ele está tão pronto a perdoar que diz, sob juramento, que não tem prazer na morte do ímpio, antes deseja que se volte para Ele e viva (Ezequiel 18:32).

Você deve saber que não se ousa desconfiar da verdade, do poder ou da bondade de Deus; ou, se o fizer, não poderá agradá-lo. O que você pensaria de um filho que estivesse sempre duvidando do pai? Dizendo: "Papai disse isso e aquilo, mas não creio que se cumpra". "Meu pai prometeu me dar isso e aquilo, mas não espero que ele o faça". Se um filho se levanta e diz: "Acho difícil crer em meu pai" — oh, meu Deus, meu Deus, meu Deus! — que Deus nos livre de ter filhos assim! Não vejo como eles poderiam nos agradar. Estariam em um estado de espírito radicalmente desagradável, porque seriam radicalmente injustos e errados.

Como você ousa desconfiar do seu Deus? Como você ousa dizer que o testemunho dele não é verdadeiro? Que Ele diga o que quiser, aqui está alguém pronto para crer nele. Que Deus me conceda que eu nunca duvide nem um milímetro dele! Sinto que, de todos os pecados que eu poderia cometer contra a Majestade do céu, um dos mais hediondos seria o de duvidar de uma única sílaba que sai daqueles lábios divinos. "Seja Deus verdadeiro, e todo ser humano, mentiroso" (Romanos 3:4). Ele deve cumprir sua promessa; não há "se" ou "mas" nisso. Caso contrário, Ele deixaria de ser Deus.

Tão certo seria Ele deixar de ser
Quanto quebrar sua promessa ou dela se esquecer.
Ele deve ser verdadeiro.

"Sua palavra é forte e fiel,
Firmou os céus com seu poder;
A voz que faz brilhar o céu
Faz sua promessa permanecer."
E não devemos ousar duvidar de nada do que Ele diz.

Irmãos e irmãs, em uma palavra, a fé é tanto a raiz, a fonte, a mãe de todo bem, que aquele que não tem fé não tem nada que possa agradar a Deus. Como amarei aquele em quem não creio? Como posso ser paciente sob a vara da correção daquele em quem não confio? Como posso ter zelo por aquele cuja veracidade duvido? Como posso me alegrar naquele de cuja promessa desconfio? Não. Isso colocaria o machado à raiz da árvore frutífera e a destruiria completamente. "Se vocês não crerem, certamente não permanecerão" (Isaías 7:9). Não há boas obras, exceto aquelas que brotam de uma fé viva, amorosa e duradoura em Deus por meio de Jesus Cristo, nosso Senhor.

III

Agora, por fim, devemos considerar a necessidade da fé usada para nosso proveito. Quais são as lições que esta verdade deve nos ensinar? Assim que tivermos falado sobre elas, teremos terminado. Que Deus abençoe nosso testemunho aos seus corações!

A primeira lição é, creio eu: examinemos cuidadosamente a nossa fé. É a fé dos eleitos de Deus? É a fé como de uma criança? É realmente fé em Deus, ou é a fé em nosso próprio conhecimento ou em nosso próprio julgamento? É a confiança na Palavra de Deus ou é a confiança em nossos próprios pensamentos e invenções?

Não contendo com a teologia moderna meramente por causa do que ela ensina. Creio que ensina mentiras do começo ao fim, mas tenho outra discordância com ela: ensina um princípio falso. Ela afasta o ser humano do que está escrito, e o leva ao que é pensado. Ela não permite a autoridade soberana da revelação e, ao rejeitá-la, os próprios fundamentos são removidos. E muito do vício abundante hoje em dia é, creio eu, o resultado direto dessa descrença abundante em Deus, dessa desconfiança filosófica da sabedoria infinita. Isso é filosofia? É filosofia falsamente chamada assim, mera loucura posta em alguma forma. Quanto a nós, recorramos "à lei e ao testemunho" (Isaías 8:20), a Deus e ao seu Espírito, e testemos e provemos tudo pelo que é dito aqui. E pela nossa comprovação pessoal diante de Deus em nossa própria experiência, tornar verdadeiro para nós mesmos aquilo que Deus diz ser verdadeiro para os seus escolhidos.

A próxima lição que eu lhes daria é: vamos misturar a fé em tudo o que fazemos. "Sem fé é impossível agradar a Deus". Então, caro amigo ou amiga, você vai ensinar na sua classe da escola dominical no próximo domingo; bem, então, ensine com fé. Irmão ministro, você vai pregar no próximo domingo; então diga a si mesmo: "Pela graça de Deus, tentarei pregar com fé", porque pregar na dúvida não leva a muita coisa.

Vocês se lembram da história que lhes contei muitas vezes, do meu primeiro aluno que saiu para pregar. E ele veio até mim e disse que havia pregado fervorosamente várias vezes, e ainda assim não tinha visto nenhuma conversão. Eu lhe disse: "E você acha que Deus vai abençoar as pessoas toda vez que você abrir a boca?" Ele respondeu: "Oh, não, senhor! Eu não espero isso". "Ah, então!" respondi, "É por isso que Deus não o abençoou, porque você não tinha fé nele. Você acabou de confessar isso". Eu o havia pego com astúcia. Portanto, querido irmão, você deve crer que, se você prega o evangelho, Deus deve abençoá-lo; que não é um talvez ou uma mera possibilidade de que Ele o faça, mas que, se você pregar a mensagem dele com plena convicção de que alguém receberá uma bênção, haverá uma bênção para alguém. Muitas vezes, na mesma proporção da nossa fé, isso nos é concedido.

Oh, quantas igrejas existem que eu conheço onde eles esperam poder ter algumas conversões. E, pobres almas, se eles têm dois ou três convertidos em um ano, alguns dos membros mais velhos ficam assustados com a quantidade! Eles têm medo de que algo esteja errado, pois "tantos" estão entrando! Se algum dia ouvissem um irmão pregar de modo que três mil se convertessem de uma só vez, esses queridos santos mais velhos se levantariam e diriam: "Pedro, você é bem como esses pregadores de avivamento. Você é tão exagerado quanto Moody e Sankey! Ora, veja todas essas pessoas chegando. Não podemos nem pensar em receber tantas pessoas na igreja!" Receio que o deus deles seja um deus pequeno; mas, oh, devemos crer em um Deus grandioso e pregar com fé! Quando tudo é feito com fé, será aceito.

Uma irmã diz: "Oh, que meus queridos filhos se convertam!" Ela não espera de forma alguma que eles se convertam. Ela tem certeza de que todos crescerão mal, e os está ensinando com a perspectiva de que se convertam quando chegarem aos cinquenta anos! Ah, meu caro amigo ou amiga, talvez seja assim. Mas se você tivesse fé e cresse que seus queridos filhos nunca precisam sequer entrar no mundo do pecado, mas que, pela graça de Deus, podem ser levados a Ele enquanto ainda crianças de colo, isso não seria muito melhor? Sem fé, veja bem, ao criar seus filhos, será impossível agradar a Deus pela maneira como você fala.

Vamos colocar bastante fé em tudo o que fazemos. Há uma boa receita no Antigo Testamento, você pode encontrá-la quando estiver em casa: "sal à vontade" (Esdras 7:22). Isto é, você pode colocar tanto sal da fé quanto quiser em todo o que fizer, e nunca exagerará; mas deixar o sal de fora desagrada a Deus. Oh, que haja mais verdadeira confiança em Deus, em quem devemos confiar com todo nosso ver, pois é digno de nosso confiança!

E, por fim, tomemos cuidado para confiar mais em Deus quando as condições estiverem piores. Há um irmão aqui que está em um mundo de problemas. Todo o seu dinheiro está se esvaindo aos poucos, e ele não sabe como pagar todas as contas. Ora, irmão, o que quer que você perca, diga: "Se eu não agradar a ninguém, ou não agradar a mim mesmo, agradarei ao meu Mestre". Ande com Deus, como Enoque andou (Gênesis 5:24). Como você fará isso? Ouça: "sem fé é impossível agradar a Deus". Você não tinha espaço para a fé por conta das coisas materiais antes — elas vinham com tanta regularidade... Agora há uma oportunidade para você exercitar sua fé; agora pode confiar em Deus, tem espaço suficiente agora.

Os jovens que entram para o exército ou para a marinha gostam de entrar em um conflito, ou mesmo em uma grande batalha. Não há chance de ascensão, dizem eles, se não houver guerra. E vocês que entram no serviço de Cristo podem justificadamente dizer o mesmo: "Se não tenho problemas, onde há espaço para minha fé? Como posso confiar se não tenho nada em que confiar?" Sabem, vocês não conseguem nadar quando a água está apenas até os tornozelos. Vocês conseguem remar, mas não conseguem nadar. Mas mergulhem em águas profundas, e então comecem a nadar com bravura. Agora vocês aprenderão o que é fé — quando finalmente tiverem tirado os pés do chão, e estiverem apenas confiando no Deus eterno. Isso fará de vocês pessoas maduras; isso os educará para feitos mais elevados e grandiosos nos tempos futuros, os tornará mais aptos a cantar o cântico dos anjos diante do trono eterno.

Lembro-me, antes de vir para Londres, de um homem fazendo uma oração muito notável por mim. Eu não a entendi na época, e dificilmente acho que ele deveria tê-la feito em público daquela forma. Ele orou para que eu fosse capaz de engolir feixes de gravetos atravessando a garganta. Era uma oração muito estranha. Mas muitas vezes fiz exatamente o que ele pediu, e isso limpou minha garganta de modo admirável. E há muitos que agora não conseguem dar testemunho de Deus, que ainda serão obrigados a engolir alguns desses feixes de gravetos. E quando esses grandes problemas vierem e eles forem obrigados a engoli-los, então eles crescerão para serem pessoas corajosas em Cristo Jesus.

Assim, tentei, da melhor forma possível, mostrar-lhes o remédio de Deus para a doença do pecado. Mas sempre sinto como se falar sobre fé em Cristo fosse dizer a mesma coisa repetidamente. Ainda assim, devemos nos ater a este tema. Vocês sabem que, quando as pessoas nos dizem que têm cinquenta curas para uma doença, balançamos a cabeça e dizemos: "Existe alguma específica? Porque, se você me der uma coisa que me cure, pode ficar com as outras quarenta e nove, se quiser". Assim é com o evangelho da graça de Deus. Segundo o que alguns dizem, há muitas maneiras de ser salvo; mas existe uma maneira certa? Porque, se houver, você pode, se quiser, ficar com as duvidosas, mas eu me contentarei com a que não é duvidosa.

Admiro o clamor daquele monge que, mesmo em uma cela, de algum modo descobriu o evangelho; e quando sua mente não conseguia obter conforto na extrema-unção e nem em toda a parafernália da igreja romanista, ouviram-no clamar: "Tua vulnera, Jesu! Tua vulnera, Jesu!" — "Tuas feridas, Jesus! Tuas feridas, Jesus!" Com aquele clamor nos lábios e aquela doutrina no coração, ele poderia morrer em paz; mas não encontraria conforto em nenhum outro lugar.

Alguém disse com desprezo que este é o evangelho para velhas e crianças. Bem, estou disposto a ser classificado com eles neste assunto, pois isso combina perfeitamente comigo. Alguém me escreveu outro dia para dizer que havia encontrado algumas pessoas negras que leram e gostaram dos meus sermões, e ele evidentemente achou que não era um elogio para mim quando acrescentou: "Eu acho que negros sem instrução são exatamente o tipo de gente para quem você serve para pregar". Fiquei muito feliz em receber um elogio como esse. Gosto de pregar para "negros sem instrução" porque, se o evangelho pode salvá-los, também pode salvar as pessoas de cara branca que são tão "notavelmente bem instruídas". Não é verdade que, muitas vezes, almas simples encontram o caminho para o céu enquanto outras tateiam em busca do trinco?

Porém, independente do que digam a vocês ou não, esta é a verdade de Deus: "Sem fé é impossível agradar a Deus". Afastem-se de toda confiança em si mesmos; vocês estão cheios de pecado e nunca encontrarão remédio para a doença. Sigam seu caminho para Cristo, e para ninguém além de Cristo, pois nele, e somente nele, a salvação é providenciada a vocês.

O caminho da salvação da natureza humana é: "Faça, faça, faça"; mas o caminho de Deus para a salvação é: "Feito, feito; está tudo feito". Você só precisa confiar na expiação que Cristo realizou na cruz. Você só precisa aceitar o caminho de Deus para a salvação, e então Cristo o terá salvado, e você poderá ir em paz e se alegrar para sempre. O Senhor dará graça àquele que olha para Cristo na cruz e confia somente nele. Há centenas de nós aqui que podem dizer neste momento: "Ele é toda a minha salvação e todo o meu desejo". O grande Sondador dos corações (Jeremias 17:10) sabe que não temos a mínima sombra de confiança em lugar nenhum, exceto no Senhor Jesus Cristo, que morreu por nós, ressuscitou e subiu à destra da Majestade nas alturas. Tenho certeza de que é assim. E pode ser assim com vocês também, queridos amigos e amigas.

Um bom homem certa vez explicou a um pobre e humilde cristão que, naquele precioso texto, "Nunca deixarei você, nem o desampararei" (Josué 1:5,9), há cinco negativas. Ele disse: "O Senhor parece dizer, cinco vezes: 'Eu não, não, não, deixarei você; eu nunca, nunca o abandonarei'. "Não é", disse o sábio teólogo, "maravilhoso encontrar Deus dizendo isso cinco vezes?" "Sim", disse o ouvinte, "é sim. Mas eu teria crido se Ele tivesse dito isso apenas uma vez". Que coisa bendita é ter uma fé que aceita Deus em sua primeira palavra, e não quer que Ele a diga cinco vezes, mas está perfeitamente satisfeita de que o que Ele prometeu é capaz de cumprir, e o que Ele é capaz de cumprir, cumprirá para o louvor e glória de sua graça, pela qual nos fez aceitos no Amado! (Efésios 1:6)

Não é este um procedimento sensato que estou recomendando a vocês? Não é algo razoável de se dizer a alguém racional? Alguém poderia supor que, se os seres humanos um dia cressem que a Bíblia é a Palavra de Deus e que Jesus Cristo é o sacrifício expiatório de Deus, estariam ansiosos para ter Cristo como seu Salvador; mas não é assim. E frequentemente, enquanto prego, sou levado de volta a esta conclusão, à qual cheguei há muito tempo: não é o seu poder, Senhor Pregador, que pode salvar as pessoas. Você pode pregar, argumentar e raciocinar da melhor maneira que puder, mas até que o braço do Senhor seja revelado (Isaías 51:3), e o poder do Espírito Santo confirme o argumento, aquilo que, como mera questão de argumento, seria irresistível para alguém racional, ainda assim, como força espiritual, falha em ter qualquer influência sobre a mente carnal. Não é por força nem por poder, mas pelo Espírito do Senhor (Zacarias 4:6) que a obra da salvação é realizada. Ó Espírito do Deus vivo, confirma a verdade pelo teu próprio poder onipotente, pelo amor de Jesus!

Ouvi falar de um médico que era um tanto severo no método de tratamento de seus pacientes, mas curou muitas pessoas. Um homem que tinha uma perna machucada foi até ele. "Bem", disse o médico, "adotarei tal e tal procedimento com essa perna e lhe restituirei o uso dela, de modo que você sairá deste lugar perfeitamente são". Ele disse ao paciente o que ia fazer, mas o homem disse: "Não! Eu não suportaria que isso fosse feito. Terei que procurar outra pessoa". "Exatamente", disse o médico, "Você ainda não está mal o suficiente para que eu o cure. Quando estiver mal o suficiente para mim, você voltará e dirá: 'Faça o que quiser comigo, doutor, contanto que garanta minha recuperação'". Há muitas almas que ainda não estão, nesse sentido, más o suficiente, digamos, para Cristo; isto é, elas se consideram boas demais para serem salvas à maneira de Cristo.

Ouvi falar de um nadador que foi resgatar alguém que estava se afogando. A pessoa estava afundando, e os espectadores se perguntavam por que ele não avançou imediatamente e agarrou a pessoa. Ele nadou perto dela, mas se manteve afastado e a deixou afundar uma segunda vez; e depois disso nadou até ela e a retirou da água. Alguém lhe perguntou: "Por que você deixou aquela pessoa afundar?" Ele respondeu: "Ela estava forte demais para eu resgatá-la na primeira vez. Enquanto ela estava forte, ela me teria puxado para baixo consigo. Então deixei-a começar a afundar e perder toda a força, e então eu soube que poderia levá-la para a praia".

Da mesma maneira, alguns de vocês terão que descer novamente uma segunda vez antes de ficarem fracos o suficiente para serem salvos. Não é a sua força, é a sua fraqueza; não é a sua justiça, é o seu pecado que os qualifica para Cristo. Quero dizer isto: assim como a pobreza é a melhor qualificação para a esmola, assim como a miséria é a melhor qualificação para a misericórdia, assim, quanto mais baixo você estiver diante da cruz de Cristo, mais certo poderá estar de que a graça de Deus virá a você assim que confiar na obra expiatória de Cristo.

Que Deus abençoe a todos com esta fé que o agrada, por amor ao Senhor Jesus Cristo! Amém!

SERMÃO PROFERIDO EM 1885

5

A FÉ QUE AGE PELO AMOR

[...] a fé que age pelo amor.

GÁLATAS 5:6

TODOS os caminhos de justificação por obras humanas e aparências externas são postas de lado pelo apóstolo Paulo. Em uma frase, ele fecha todo caminho aberto pelo ser humano e abre o caminho do Senhor, o caminho da salvação pela graça, por meio da fé em Cristo Jesus. Alguns esperam ser salvos pelo ritualismo; porém, suas esperanças são esmagadas por esta palavra: "nem a circuncisão tem valor algum" (Gálatas 5:6). Por outro lado, muitos confiam em sua liberdade em relação a todo cerimonialismo, e depositam sua confiança em uma espécie de antirritualismo. Eles são esmagados por esta palavra: "nem a incircuncisão". Assim como os judeus confiavam na circuncisão, muitos dependem do batismo e dos sacramentos — a estes, o apóstolo não dá trégua. Outros se gloriam na incircuncisão: não praticaram ritos nem cerimônias. Seu modo de culto é despojado que chega a ser feio, livre a ponto de beirar a desordem, e disto são capazes de fazer uma forma de justiça própria. É tão fácil transformar em justiça própria tanto o despojamento do quaker quanto a pomposidade do romanista; e confiar em um será tão fatal quanto confiar no outro.

Vocês e eu, como batistas, podemos nos gloriar na simplicidade de nossa adoração e na veracidade bíblica de nosso batismo, mas se pensarmos que as coisas exteriores nos salvarão por serem biblicamente simples, erraremos tanto quanto aqueles que multiplicam cultos suntuosos e procissões pomposas. Citemos a frase completa. Paulo diz: "nem a circuncisão tem valor algum". Mas ele não para por aí, pois acrescenta: "nem a incircuncisão". O exterior, seja ele decorado ou sem adornos, fixo ou livre, não toca o ponto salvífico: a única coisa que pode nos salvar é a fé em Jesus Cristo, a quem Deus estabeleceu como propiciação pelo pecado. A fé nos coloca em contato com a fonte da cura, e assim nossa doença natural é removida. Ela se apropria, em nosso favor, do resultado do serviço e sacrifício do Redentor, e assim somos aceitos nele. Mas qualquer coisa que não seja isso falhará — é o rasgar da vestimenta enquanto o coração não foi quebrantado, a lavagem do exterior do copo e do prato enquanto o interior é pura imundice.

O apóstolo, contudo, faz mais do que meramente condenar outros fundamentos além dos da fé. Ele distingue aqui entre a própria fé e suas muitas imitações. Não é todo tipo de fé que salvará a alma. A verdadeira fé, sem dúvida, salvará alguém, mesmo que ela seja apenas como um grão de mostarda; mas então ela deve ser a verdadeira fé — a prata genuína, e não um mero item folheado. "O dinheiro obtém tudo" (Eclesiastes 10:19), diz o sábio, mas então deve ser a moeda corrente da região, pois o dinheiro falso não servirá para nada, exceto para levar à condenação aquele que o possui.

A fé verdadeira nos salvará, mas falsificações dela aumentarão nosso perigo. A certeza é de Deus, mas a presunção é do diabo. O teste da verdadeira fé é que ela age — "a fé que age", diz o texto. Para esse fim, ela deve, antes de tudo, viver, pois é claro que uma fé morta não pode agir. Deve haver coração em nossa fé, e o Espírito de Deus respirando nela, ou não será a fé viva de um filho vivo de Deus. Estando viva, a verdadeira fé não deve adormecer, mas deve estar desperta como uma filha do dia, pois uma fé adormecida é motivo para o exame do coração, visto que o sono é primo da morte. Uma fé desperta torna-se ativa, e em sua atividade reside grande parte de sua evidência. "Pelos seus frutos vocês os conhecerão" (Mateus 7:16) é uma das regras do próprio Cristo para testar pessoas e coisas, e devemos conhecer a fé pelo que dela provém, pelo que ela faz por nós, em nós e por meio de nós.

Não vale a pena ter fé se ela for infrutífera. Ela tem fama de estar viva, mas está morta (Apocalipse 3:1) se não age de maneira nenhuma, não vive de maneira nenhuma, e não pode justificar a própria existência. Um Deus morto pode ser servido por uma fé morta, mas somente a fé viva, desperta e que age pode agradar ao Senhor sempre vivo e que age. Deus nos livre de uma fé só de sonhos e só de palavras, e nos dê "a fé que age".

> Não só palavras, tu, Senhor, pagaste
> Para que o perdão ao mundo alcançasse;
> Nem a alma, por graça restaurada,
> Só retribui com palavra falada.

Outra distinção também é apresentada, a saber, que a verdadeira fé "age pelo amor". Há alguns que realizam muitas obras como resultado de um tipo de fé que, no entanto, não são justificados, como por exemplo, Herodes, que creu em João e fez muitas coisas, e ainda assim assassinou o pregador (Marcos 6:16). Em verdade, a fé dele agiu, mas agiu pelo medo e não pelo amor — ele temia as palavras severas do segundo Elias, e os julgamentos que viriam sobre ele se rejeitasse as advertências do Batista, e sua fé agiu por causa do medo (Marcos 6:17-29). O grande teste do agir da fé salvadora é este: ela "age pelo amor". Se você é guiado pela sua fé em Jesus Cristo a amá-lo e, assim, a servi-lo, então você tem a fé dos eleitos de Deus, você é, sem dúvida, um salvo, e pode seguir seu caminho e se alegrar na liberdade com a qual Cristo o libertou. Será alegria para você servir ao Senhor, visto que o amor é a força propulsora do seu serviço.

É sobre esse ponto que falaremos esta manhã: a conexão que existe entre fé e amor — "a fé que age pelo amor". Podemos ser ajudados a testar tanto nossa fé quanto nosso amor enquanto falamos da mistura e entrelaçamento das raízes e ramos dessas duas graças, e nos fará bem realizar um autoexame completo. Nunca faz mal a ninguém se examinar e verificar em que estado se encontra: se realmente está certo ou não; se está prosperando na alma ou não. Temo que muitos deem sua condição espiritual como certa sem examiná-la, mas não temo o autoexame mais rigoroso. Que Deus, o Espírito Santo, abençoe nossa ministração com esse objetivo nesta manhã!

I

Nossa primeira observação será esta: a fé sempre produz amor — "a fé que age pelo amor".

Quando a fé tem algo a fazer, ela sai para o campo com o amor ao seu lado. As duas graças são inseparáveis. Como Maria e Marta, elas são irmãs e moram na mesma casa. A fé, como Maria, senta-se aos pés de Jesus e ouve suas palavras, e então o amor diligentemente percorre a casa e se alegra em honrar o divino Senhor (Lucas 10:39,40).

A fé é luz, enquanto o amor é calor, e em cada raio de graça do Sol da justiça você encontrará uma medida de cada. A verdadeira fé em Deus não pode existir sem amor a Ele, nem o amor sincero sem fé;

elas estão unidas, como gêmeas siamesas, e onde você encontra uma, a outra certamente estará presente. Isso acontece por uma necessidade da própria natureza da fé. No momento em que alguém crê em Jesus Cristo, ele o ama naturalmente. É possível confiar em outra pessoa e não a amar, mas pelas circunstâncias peculiares do caso, tendo nosso Senhor nos amado e se entregado por nós pelo infinito amor de seu coração, somos compelidos a amá-lo no momento em que repousamos nele. Confiar no Cordeiro ensanguentado (Apocalipse 5:6) e não o amar é algo inimaginável! A fé é um anel de ouro que, em todos os casos, o joalheiro celestial crava com o berilo do amor. Regue a fé com uma gota do próprio orvalho de Deus, e ela florescerá em amor.

Os primeiros passos do filho pródigo, quando cai em si, são todos em direção à casa e ao coração de seu pai. Quando chega em casa, pode até ficar andando de um lado para o outro pela propriedade de seu pai, mas, de qualquer forma, no início, seu rosto está nitidamente voltado para o pai. Não disse ele: "Vou me arrumar e voltar para o meu pai"? (Lucas 15:18) Os primeiros passos da alma, quando começa a crer em Deus, são desejos por Ele, nos quais há uma medida de amor. Os sentimentos são despertados e atraídos para Deus assim que há o menor grau de fé na alma. Todo aquele que crê aqui sabe disso.

Voltem ao dia em que vocês viram o Senhor pela primeira vez, se conseguirem se lembrar — a hora em que olharam para Ele e foram iluminados. Vocês não o amaram imediatamente? Amaram-no? Sim! Às vezes tememos que o amávamos mais do que agora, embora eu espere que não seja o caso. Se alguém tivesse me perguntado, no primeiro fervor de alegria, quando vi meu Senhor ensanguentado pela primeira vez: "Você o ama?", eu não teria hesitado, mas respondido: "Eu o amo como a minha própria alma, pois Ele me remiu de descer à cova". A fé gera o amor assim como o verão faz brotar flores. Nosso primeiro amor veio com a nossa primeira fé, por uma necessidade da natureza que nunca pode mudar.

O amor cresce ainda mais, a partir da fé, pelas descobertas da beleza em Cristo que a fé certamente fará. A fé é os olhos da alma e seu telescópio, pelo qual ela vê aquilo que está tão distante que seria invisível. A santa fé contempla o caráter do Senhor Jesus Cristo, reconhece sua pessoa e discerne sua obra incomparável, e assim cria conhecimento, do qual provém o amor. A fé permanece como os querubins sobre o propiciatório de ouro, olhando sempre para baixo (Êxodo 25:18-20), para o sangue expiatório aspergido, admirando e maravilhando-se, espiando algo novo a cada hora e, assim, enchendo-se de prazer cada vez maior com aquelas coisas que os anjos desejam contemplar (1Pedro 1:12).

Desse gracioso discernimento surge o amor que admira. A fé tem prazer em desvendar as belezas superlativas do Bem-Amado diante do olhar do amor, e então fé e amor se unem em clamar: "Sim, Ele é totalmente desejável" (Cântico dos Cânticos 5:16). Aqueles que creem podem dizer: "Nós vemos Jesus", e aqueles cujos corações são conquistados por Ele podem acrescentar: "Nós o amamos porque Ele nos amou primeiro" (1João 4:19). Ó, se conhecêssemos melhor o nosso Senhor! Ó, se crêssemos mais nele! Então, estaríamos unidos a Ele como o coração de Jônatas foi unido a Davi (1Samuel 18:1).

Em seguida, a fé cria o amor pela apropriação daquilo que discerne, pois, embora a fé seja os olhos da alma, é também a mão da mente com a qual ela apreende a bênção. A fé vê o amor de Cristo, e então diz: "Ele me amou e se entregou por mim" (Gálatas 2:20). A fé vê as feridas de Jesus e percebe sua divindade através daquelas frestas de rubi, e imediatamente se apropria dele, e clama: "Senhor meu e Deus meu!" (João 20:28).

O amor certamente surgirá de um senso de posse. Uma mãe não ama muito seu filho porque é seu? Quando temos interesse em uma pessoa a ponto de chamá-la de "meu irmão", "meu marido", "meu filho", então um senso de propriedade aumenta nosso senso de afeição. Isso fez o salmista cantar: "Ó Deus, tu és o meu Deus; eu te busco ansiosamente" (Salmos 63:1). Ora, mesmo coisas mortas, como ouro e prata, bens e terras, quando são de propriedade de alguém, são propensas a serem amadas, pois as afeições se apegam àquilo que é possuído: "onde estiver o seu tesouro, aí estará também o seu coração" (Mateus 6:21).

Eis o perigo das coisas mundanas: elas podem enredar nosso coração como visgo, mantendo-o cativo em vez de elevá-lo a Deus. Essa tendência é claramente vista em referência a posses superiores, especialmente em relação a Cristo. Se Cristo é seu, e a fé pode dizer: "Jesus é meu", o amor altera a frase e clama: "Este é o meu amado, e este é o meu amigo" (Cântico dos Cânticos 5:16). Quando a fé de Tomé viu Jesus como Senhor e Deus, seu amor deu um tom musical à sua exclamação, alegrando-se na posse pessoal e chamando-o de "Senhor meu e Deus meu!" (João 20:28).

O amor se alegra em Jesus como sua própria posse, triunfa nele e canta docemente o amor a Ele, porque Ele é seu próprio marido e Senhor. Assim, vocês veem que a fé cria o amor a partir de uma necessidade de sua natureza, das descobertas que faz, e de sua apropriação das coisas boas que estão em Cristo.

Caro ouvinte, você conhece alguma coisa sobre esses assuntos?

A fé ainda desperta o amor de outra maneira: a saber, por desfrutar da misericórdia e, então, conduzir o coração a um reconhecimento grato da fonte da misericórdia. Há dois elos na corrente neste caso: a fé conquista a misericórdia pela oração, a misericórdia é desfrutada e, então, do desfrute da dádiva, brota o amor por aquele que a concedeu.

Irmãos e irmãs, que inumeráveis favores a fé já nos trouxe! Alguns de vocês, eu creio, não consideram a aliança como um depósito trancado do qual nada deve ser tirado até que morram; mas a chave de Davi foi posta em suas mãos pela fé (Isaías 22:22), e vocês desfrutam agora mesmo das carnes suculentas e cheias de tutano, e dos vinhos envelhecidos bem clarificados, que o Senhor preparou para aqueles que o amam (Isaías 25:6).

Neste exato momento vocês sabem que são justificados, sabem que foram adotados na família de Deus; vocês não amam o Senhor por essa razão? Eu sei que sim. Vocês sentem neste momento que estão desfrutando dos privilégios da herança com Cristo (Romanos 8:17); isso não os liga firmemente ao seu irmão mais velho? A cada dia vocês recebem misericórdias providenciais. Espero que mantenham os olhos abertos para contemplá-las. A cada dia vocês recebem misericórdias que preservam, misericórdias que restauram, misericórdias que instruem, misericórdias que selam; vocês não amam a Deus por todas essas dádivas inestimáveis?

Bênçãos espirituais fluem até você do Deus de toda graça, enchendo-o de alegrias tão imensas e profundas quanto foram as aflições do seu Salvador. Certamente isso une fortemente a alma de vocês ao seu Redentor. A menos que seu coração esteja completamente fora de ordem, vocês amam a Deus cada vez mais, porque Ele está manifestando seu amor a vocês cada vez mais. Não é assim? A fé lhes disse que o Senhor era bom, e então ela clamou: "Eu provarei isso a você", e distribuiu do depósito da aliança misericórdias ricas e raras, e as colocou a seus pés; e, uma vez que vocês as possuíram e viveram delas como se fossem suas, vocês bendisseram o Doador e o amaram mais do que nunca. Assim, a fé recebe promessas e alimenta o amor com o fruto delas.

Ela faz isso ainda mais docemente pela intimidade com Deus que ela gera no coração. Pois a fé tem o hábito de ir a Deus com todos os seus fardos, e voltar com o fardo removido. A fé tem a prática diária de pleitear promessas a Deus, falando com Ele face a face como uma pessoa fala com seu amigo, e recebendo favores da destra do Altíssimo, os quais fazem até mesmo a alma dela que aguarda com expectativa se maravilhar.

A fé inicia-se pela manhã com Deus, como Abraão fez (Gênesis 19:27), e caminha com Ele no campo à noite, como Isaque fez (Gênesis 24:63). A fé se abriga com Deus como a andorinha construiu seu ninho sob o beiral do Templo (Salmos 84:3). A vida da fé está em Deus, assim como a vida de um peixe está no mar. O peito de Jesus Cristo é o travesseiro da fé; e o coração de Deus é o lugar de habitação da fé. Porque a fé nos mantém próximos de Deus; ela nos faz amá-lo.

Oh, pobre alma cega, se você pudesse ver Jesus, você o amaria. Você que mais se opõe a Ele se tornaria sua amiga se o conhecesse. Não é possível para alguém que crê estar na companhia de Cristo por uma hora sem sentir o coração aquecido. Os peregrinos de Emaús disseram: "Não é verdade que o coração nos ardia no peito, quando Ele nos falava pelo caminho?"

Aqueles que conheceram e creram em seu amor para com eles devem sentir seu encantamento sobre suas afeições, mantendo-os cativos. Não há ninguém como Ele entre os filhos dos homens: suas belezas arrebatam o coração. Se Jesus apenas levantasse o véu, e nos deixasse vislumbrar um de seus olhos por um momento, nossos corações se derreteriam dentro de nós.

> Onde achar doçura assim,
> Como provei em teu amor,
> Como encontrei só em ti?

Porque a fé assim nos torna íntimos com nosso divino Senhor, ela deve inevitavelmente produzir amor na alma.

Mais uma vez, e aqui novamente há dois elos em vez de um: essa intimidade com Cristo logo gera afinidade de caráter e espírito, pois aqueles que andam muito com Cristo, tornam-se muito semelhantes a Cristo. Aquele que se deita em um leito de especiarias, naturalmente sentirá que suas vestes cheiram às mesmas. Um espelho sobre o qual o sol brilha é brilhante por si só, e reflete seus raios ao longe. Quem anda com os sábios será sábio (Provérbios 13:20), mas quem habita com a infinita sabedoria será ensinado por Deus.

Sem dúvida, casais felizes que vivem juntos em afeição e confiança mútuas tornam-se muito semelhantes — um se torna o eu do outro, têm os mesmos alvos e objetivos, muitas vezes se surpreendem ao descobrir que tiveram o mesmo pensamento, e quase dizem as mesmas palavras ao mesmo tempo. Assim, o santo e o Salvador crescem um semelhante ao outro após anos de convivência, só que o crescimento é todo apenas de um lado — crescemos em todas as coisas até chegarmos àquele que é a Cabeça (Efésios 4:15). Oh, se nossa semelhança com Cristo fosse tão clara e completa quanto nossa semelhança com nossos queridos companheiros aqui na terra!

Vocês veem como o amor é assim nutrido na alma por uma crescente semelhança de caráter. Onde quer que haja afinidade de gostos, de mente, de visão, de caráter e de espírito, o amor se torna forte e bem estabelecido; e assim a fé, ao gerar em nós a semelhança com Cristo, faz com que o amor a Cristo se torne uma força poderosa na alma.

É lógico que todos esses pontos demonstram de modo suficiente que a fé cria amor na alma onde quer que ela realmente habite. Não comecem, eu lhes peço, a dizer: "Receio não amar o Senhor como deveria", e assim por diante. Tomem como certo que vocês não o amam em toda a plenitude de seus infinitos méritos e, em vez de questionar o grau do seu amor, perguntem a si mesmos se vocês creem nele. Vocês estão confiando no Senhor Jesus? Vocês estão se fiando nele?

Porque se a raiz estiver lá, a flor logo aparecerá. Se vocês creem que Jesus é o Cristo, vocês nasceram de Deus, e todos os que nascem do Deus de amor devem amar a Deus. Não falem em tentar amar a Deus. Vocês não podem se forçar a amar ninguém: quem em sã consciência sonharia com tal coisa? Tais tentativas seriam uma completa loucura. O amor deve nascer de forma livre — não pode ser comprado ou forçado.

Não podemos dizer o que é o amor, embora o sintamos. É algo misterioso, que escapa às explicações frias, mas é sempre o produto de algo mais que o precede. Se vocês creem, amarão; se não creem, nunca amarão até que creiam. Vão à raiz do problema. Não tentem cultivar o jacinto do amor sem o bulbo da fé. Vocês confiam em Jesus de todo o seu coração e estão confiando a Ele os interesses eternos da sua alma? Então eu sei que vocês o amam, embora possam estar ocupados por algum tempo com outras atividades. O amor está dormente dentro de vocês como o fogo dentro de uma pederneira — ou melhor, está queimando sem chama como em turfa fumegante, mas em breve queimará de modo vivo, como carvões de zimbro em brasas.

Cuidem bem da sua fé e seu amor não falhará. Lembrem-se dos versos de um doce poeta, e orem para que possam cantá-los com toda a sua alma:

> Aleluia! Eu creio em ti!
> Ó Amor, bem sei teu poder,
> Não há grilhões frágeis aqui,
> Nem coroas de rosas a fenecer.
>
> Laços cristãos de santa união,
> Nem a morte pode anular;
> Viver e amar para sempre,
> Nossa herança é gozar.

II

Permitam-me agora ampliar uma segunda observação: o amor é inteiramente dependente da fé.

"A fé que age pelo amor". O amor, portanto, não age por si mesmo, exceto na força da fé. O amor depende tão inteiramente da fé que, como já disse, não pode existir sem ela. Ninguém ama um Salvador em quem não deposita confiança. Pode haver admiração pelo caráter de Cristo, mas a emoção que a Escritura trata como "amor" só chega ao coração quando confiamos em Jesus. "Nós o amamos porque Ele nos amou primeiro" (1João 4:19). Quando cremos no amor dele e o sentimos, começamos a amar Jesus, mas o amor a Jesus não pode existir sem fé nele.

Com certeza, o amor não pode florescer a menos que a fé floresça. Se vocês duvidarem do seu Senhor, terão pensamentos ruins sobre Ele, e deixarão de amá-lo como deveriam. Nas dificuldades, se questionamos sua sabedoria ou bondade, nosso coração fica frio. Fé e amor andam juntos — ou ambos crescem, ou ambos diminuem. Se vocês enfrentarem tribulações, e duvidarem de sua sabedoria ou de sua bondade ao enviá-las, o próximo passo será que seu coração se tornará frio em relação a; vocês começarão a pensar que seu Senhor é tirânico e severo com vocês, e entrarão em conflito com Ele.

As duas graças devem diminuir ou aumentar juntas. Se vocês alcançarem uma confiança simples como de uma criança, que repousa em Cristo como um bebê repousa no colo de sua mãe inteiramente sob seus cuidados, então o amor de vocês será aperfeiçoado. Mas porque vocês querem confiar um pouco em si mesmos, e começam a julgar seu Deus e não repousam inteiramente nele, é por isso que vocês devem se perguntar se o amam ou não. Que Deus, o Espírito Santo, opere em nós uma poderosa força de fé para que possamos ter um amor veemente, forte como a morte, imortal como a divindade.

Mais uma vez, o amor, assim como não pode florescer sem fé, também não pode agir sem ela. O amor é um grande projetista e planejador, mas não encontra meios de executar nada, a menos que a fé mostre o caminho. O amor se senta e diz: "Eu gostaria que o mundo se convertesse a Cristo!", mas a fé sai e prega o evangelho. O amor brada: "Eu gostaria que as crianças conhecessem Jesus, e que seus corações fossem renovados mesmo quando ainda são pequenas", mas a fé abre a escola dominical e ensina os jovens, e confia em Deus, que Ele abençoará a palavra, para a salvação deles. O amor precisa ter fé para lhe dar músculos, nervos e força; portanto, cuidem bem da sua fé. Henry Longfellow diz: "Portanto, ame e creia, e as obras seguirão de forma espontânea, assim como o dia segue o sol".

O amor é como o lírio de Salomão, que destila mirra perfumada (Cântico dos Cânticos 5:13). Como é belo de se contemplar! Parem e admirem seus encantos. Saiba, ó contemplador, que aquela linda flor não poderia estar assim adornada se não estivesse unida por seu caule a uma raiz viva escondida no subsolo. A fé é o bulbo necessário do qual brota o amor como a perfeição da beleza. Você olha para a bela cidade de Alma Humana e vê uma cúpula dourada brilhando ao sol — essa cúpula é o amor, e repousa sobre alicerces da fé que estão profundamente assentados na rocha; caso contrário, a cúpula cairia em ruínas.

O amor a Deus, se for digno desse nome, deve ser solidamente baseado na confiança em Jesus. Não pode subsistir sem Ele, mas é levado pelo vento e pela enchente, como a casa na areia (Mateus 7:26,27). Portanto, estamos dispostos a julgar com prudência as explosões de emoção que vemos em certas pessoas emotivas. Nós as ouvimos cantar: "Oh, sim, eu amo Jesus", mas não temos tanta certeza disso quando observamos suas vidas. Ficamos satisfeitos com tais emoções se elas surgem do conhecimento de Cristo e da fé genuína nele, mas muitas vezes temos visto a aparência de afeto ardente sem conhecimento e sem humildade, sem penitência e sem a fé como de uma criança, e, portanto, nos alegramos com tremor.

Tememos que o edifício que se ergue durante a noite se desvaneça, como "a estrutura sem base de uma visão", e desapareça como a bolha de sabão de uma criança, que, embora adornada com todas as cores do arco-íris, se dissolve num instante. Cuidem, pois, da sua fé, visto que o amor depende inteiramente dela. Cuidem para que vocês estejam enraizados, fundamentados e firmes, para que a alta torre do amor professado não se torne em ruínas, restando apenas a indiferença.

III

Em terceiro lugar, avanço para outra observação que se aproxima mais do texto, embora nossas reflexões anteriores tenham sido necessárias para nos aproximar dela: a fé demonstra seu poder pelo amor.

"A fé que age pelo amor". Permitam-me, por um momento, comparar a fé a um artífice de metais prestes a preparar alguma obra de arte refinada, como a que os ferreiros habilidosos costumavam produzir nos tempos do ferro forjado, quando a habilidade e o trabalho manual eram valorizados, e eram produzidos artigos que quase valiam seu peso em prata. A fé, como um ferreiro, forte e vigoroso, tem o amor como seu braço. A fé não levanta um dedo sem o amor; ele é o braço dela todas as manhãs. A fé crê e resolve, e então passa à ação, mas o poder com o qual pode agir reside no amor. A fé sem amor seria uma aleijada sem braços. Mais do que isso: ele não é apenas o braço da fé, mas também suas ferramentas. "A fé age pelo amor". Este é o martelo, a lima e a bigorna da fé — enfim, ele é todo o instrumental dela.

Vocês possuem uma chave inglesa que pode ser ajustada para se encaixar em qualquer porca e parafuso, sejam grandes ou pequenos: o amor é exatamente essa ferramenta, pois o amor ensinará uma criança pequena, ou evangelizará uma nação. O amor pode permanecer e ser queimado na fogueira, ou pode depositar duas moedinhas que não valem quase nada na caixa de ofertas (Lucas 21:1-4). O amor tudo espera, tudo suporta: nada lhe parece inadequado (1Coríntios 13:7). Uma ferramenta maravilhosamente útil é esta graça sagrada que a fé adotou com a qual agir — ela pode golpear e cortar, é boa para unir e para quebrar, e ela servirá para qualquer coisa que a fé deseje realizar. Apenas deixem a fé manejar o amor como seu instrumento, e ela poderá moldar qualquer coisa que a sabedoria divina lhe disser para formar.

Mais do que isso, o amor é a fornalha da fé. Todas as ferramentas do mundo não bastarão ao ferreiro, a menos que ele possa soprar as brasas e criar um calor intenso. O que há, irmãos e irmãs, que possa acender o calor do entusiasmo como o amor sincero a Deus? A fé crê em Deus e se alegra em Deus; então vem o amor, e o coração se aquece como a fornalha de Nabucodonosor (Daniel 3:8-25). O fogo que derrete queima gloriosamente, e faíscas de alegria saltam dele. O que há que não possa ser realizado se tivermos amor suficiente? Este é o grande fogo que arde nos corações humanos quando Deus, o Espírito Santo, derrama o amor de Jesus ali: pelo seu calor, todas as coisas se fundem. Este fogo ainda consumirá todo pecado e derreterá toda dureza: ninguém pode apagá-lo, tudo deve ceder diante dele. Aquela artífice consagrada chamada fé sopra as brasas do amor, e mergulhadas em sua chama ardente, tarefas duras como ferro tornam-se facilmente executáveis. Assim, "a fé age pelo amor".

O amor é mais do que isso, pois, quando tudo está derretido e pronto para ser escoado, o amor é o molde da fé. Ela derrama tudo o que faz no molde do amor de Deus, moldando suas obras de acordo com o padrão divino de amor em Cristo Jesus. Assim como Jesus nos amou, assim também nós nos amaremos uns aos outros (João 13:34); e assim como Ele amou o Pai, e por amor ao Pai, para glorificá-lo, cumpriu a lei (Mateus 5:17,18) e se fez sacrifício (Hebreus 7:27), assim também estamos dispostos a dar a vida pelos irmãos e pela honra do Pai. Assim, o amor se torna o molde da fé, no qual busca cuidadosamente derramar todo o seu ser.

Além disso, ele é o metal da fé, pois no molde do amor, a fé derrama o próprio amor. O amor, portanto, "responde a todas as coisas" (Eclesiastes 10:19). O amor é a substância de toda boa obra. Derreta-o no crisol, e a santidade é o amor. Se há alguma virtude, zelo, consagração ou santa ousadia, sua substância é o amor. Todos os grandes feitos que os heróis da cruz realizaram são compostos do sólido metal do amor a Jesus Cristo. Seja grande ou pequeno, aquele que serviu a Deus corretamente sempre trouxe ao santuário uma oferta de puro amor comparável ao ouro de Ofir.

O amor também é o polidor e a lima da fé, e com ele, ela termina toda a sua obra com todo o cuidado. Vocês nunca revisaram toda a sua obra de forma amorosa para dar-lhe os retoques finais? Não desejaram aperfeiçoar tudo o que tentaram fazer? Eu sei bem o que isso significa. Como são ásperas minhas peças de metal fundido brutas! E quando as conserto, olho para elas e digo: "Essa não serve, pois vejo o ego ali; essa não serve — a incredulidade está ali; essa não serve — há muita obstinação ali; e então, com amor encharcado de lágrimas, lixei e poli meus pobres esforços, e descobri que o amor é um excelente polidor, sempre à mão. Quando Agostinho revisou todas as suas obras para escrever suas *Retratações*, foi o amor removendo as asperezas de sua obra. Se amássemos mais, poderíamos ter mais obras de retratação para fazer.

Assim, a fé age pelo amor: o amor é o braço da fé, as ferramentas da fé, a fornalha da fé, o metal da fé, o molde da fé e o polidor da fé. Meu ouvinte, se você estiver agindo para Deus de qualquer outra forma que não esta, você fará uma confusão. A lei nunca poderá ajudá-lo a realizar uma obra que Deus aceitará; ela foi feita para produzir grades para uma prisão, mas não colunas para um templo. Você deve agir para Deus porque o ama; não qualquer outra obra, exceto a obra do amor pode ser aceitável para Ele.

Algumas pessoas servem a Deus porque vivem em um meio religioso, e não querem que pensem que são negligentes com seu dever. Daí o porquê daquela oferta irrisória dada com muita má vontade aparecer no topo da lista de doações dentre todas as outras ofertas dez vezes maiores: afinal, pessoas respeitáveis devem contribuir com alguma coisa, como vocês bem sabem. Aquela ida aos cultos durante a semana é frequentemente feita porque se espera que vocês a façam, e não porque seja um prazer. Até mesmo as reuniões dominicais se tornam um enfado, e a adoração é considerada uma tarefa a ser cumprida. Isso não é ouro, mas escória dourada: joguem isso fora! Isso é serviço forçado, desprovido da essência vital da obediência, um fruto sem sabor ou aroma. Aquilo que é feito porque se ama a Deus, porque vocês amam entregar seus corações ao seu Deus, por mais humilde que seja o serviço, é aceito por Deus. O verdadeiro sentimento por aquele que o remiu de descer à cova nunca deixa de apresentar um tributo aceitável diante do Deus vivo. Que vocês sejam cheios disso para seu próprio conforto e para a glória de Cristo.

IV

Concluo com a quarta observação, que é esta: o amor opera sobre a fé e a aperfeiçoa.

Pois, enquanto o amor deve tudo à fé, a fé, aos poucos, torna-se devedora do amor. O amor leva a alma à admiração e, assim, aumenta a fé. Tendo amado a Cristo, tendo-se enamorado dele, o amor, que tem olhos como de pomba (Cântico dos Cânticos 1:15) que podem ver tudo o que é belo, espia diariamente mais e mais das perfeições de Cristo, e assim auxilia os olhos da fé. O amor vê, entre as demais perfeições do Senhor, o seu poder, a sua fidelidade, a sua imutabilidade; e a fé imediatamente conclui: "então posso confiar nele mais do que nunca". Conhecendo mais do seu poder, mais da sua fidelidade, mais da sua imutabilidade, posso depender dele sem vacilar. Portanto, se os olhos da fé olharem primeiro para Jesus, os olhos do amor enxergam ainda mais e descobrem outras qualidades superiores. A fé é aquele outro discípulo que ultrapassou Pedro, mas o amor é o discípulo que entra e espia os detalhes (João 20:4-7).

Além disso, o amor proíbe a incredulidade e, portanto, auxilia a fé, pois o amor diz: "Como podemos entristecê-lo com dúvidas?" O verdadeiro amor, em qualquer coração, quando exercido em relação a um homem ou uma mulher, não proíbe a desconfiança? O medo, na forma de desconfiança, causa tormento e, portanto, o amor o expulsa. A falta de confiança mútua na vida conjugal é a morte do amor; mas o amor evita, por natureza, demonstrar qualquer suspeita em relação a alguém querido e fiel que se ama. Mesmo quando supõe que há um erro, o amor o considera de forma alguma uma falha intencional, mas conclui que pode haver um sentido em que aquilo esteja certo, pois o amor tudo crê, tudo suporta (1Coríntios 13:7), e não tolera a desconfiança, que sabe que ela é um verme que corrói o próprio cerne do coração. Portanto, vejam que onde há grande amor a Cristo, ele proíbe a dúvida e, assim, mata as raposas da desconfiança que estragam as tenras videiras da fé (Cântico dos Cânticos 2:15). O amor a Jesus sente que seria melhor desconfiar de todas as pessoas e anjos do que duvidar do querido Redentor que derramou seu sangue para provar seu amor. Desconfiem dos céus, pois eles passarão; desconfiem da terra, pois ela será completamente queimada; desconfiem do ser humano, pois ele é como uma cana quebrada; mas nunca desconfiem do Deus fiel. Apoiem-se nele com todo o seu peso, repousem nele com sua confiança indivisa. Assim o amor ensina, e a fé aprende sua lição.

Além disso, o amor perfeito lança fora o medo, porque o medo traz tormento, e quando o amor perfeito expulsa o medo, então a fé tem espaço para mostrar sua força. O amor não aprendeu a ter medo, nem permitirá que a obra da fé se torne o trabalho de um escravo encolhido e acovardado. Que terror! Onde isso pode encontrar abrigo no coração que ama?

Às vezes, ouvimos pessoas muito recatadas bradando contra alguns de nós porque dizem que falamos como se estivéssemos em ótimas relações com Deus e familiarizados com o Senhor Jesus. Dizem com sarcasmo aquilo que é realmente sério. Em sua cegueira, encontraram a verdade: é assim mesmo. Para eles, Deus é um estranho, e não duvido que a linguagem que usamos possa lhes parecer estranha e quase profana, e seria profana se a usassem, sendo o que são. Não os acuso de pecado declarado, mas digo e direi que aquele que não é filho de Deus não pode usar adequadamente expressões que sejam mais adequadas dos lábios daqueles que são filhos de Deus. Um filho pode dizer ao seu pai o que ninguém mais ousa dizer, e ainda assim tem mais reverência por ele do que qualquer outra pessoa. Seu filho tem o direito de se comportará com você de uma maneira que você não toleraria em um estranho. Observem o juiz no tribunal, com aquela peruca grande e aquelas vestes solenes: o réu no banco dos acusados, o tribunal e o júri — todos devem ser muito respeitosos e manter distância. Mas garanto a vocês que, quando Sua Excelência chega em casa, o neto dele não tem medo do vovô nem de suas vestes. O amor dá ousadia e, no entanto, é extremamente reverente: reverentemente íntimo. Frieza e indiferença não são para os filhos de Deus; eles são chamados a uma relação íntima com o seu Pai celestial, e o lugar de encontro não é no Sinai, mas no Calvário. A fé e o amor são filhos que vivem na casa da família, e não pensionistas que que vivem nos quartos de fora alugados; eles habitam na casa do Senhor para sempre.

Ó amados e amadas, esta é a alegria do amor: que ele nos leva a uma relação pessoal tão íntima com Deus em Jesus Cristo, que o medo trêmulo e servil se vai, e amando a Deus, somos íntimos dele e confiamos nele plenamente.

Ó, queridos amigos e amigas, confiem em Deus em tudo, confiem nele nas pequenas coisas, confiem nele nas grandes coisas. Confiem nele nas suas alegrias, para mantê-los sóbrios. Confiem nele em suas tristezas, para livrá-los do desespero. Oh, que vocês possam possuir muito deste amor, pois é uma graça eminente. "A fé é como uma criança", diz o Dr. John Eadie, "a esperança é como um santo, mas o amor é como Deus" (1Coríntios 13:13). Que possamos alcançar esta virtude divina através da fé no próprio Deus.

Minha palavra final é esta: sejamos nós, queridos amigos e amigas, como igreja e povo, pessoas que agem. A fé age; ajamos porque temos fé. Gostaria que cada membro desta igreja estivesse agindo para Jesus. Tenho muito pouco do que reclamar, porque creio que a maior parte dos queridos irmãos e irmãs aqui associados está fazendo assim arduamente; mas se houver algum de vocês que não esteja servindo ao Senhor, rogo que se esforce. Vocês precisam agir, ou sua fé será questionada e seu amor será posto em dúvida. Somos uma colmeia de abelhas, mas o que acontecerá se, em vez de produzir mel, todas as operárias se transformarem em zangões? Ora, em seguida, elas se transformarão em vespas. Se tal mudança não pode ocorrer na natureza, certamente ocorre na moral e na espiritualidade, pois vimos grupos de bons cristãos que trabalham arduamente de repente se dividirem em facções e brigarem furiosamente. Quando abelhas se transformam em vespas, não há nada além de brigas. Que nosso bom Deus nos salve de tal calamidade. Não me importo de ser como a abelha rainha na colmeia – o rei das abelhas – mas um líder de vespas, isso eu não posso ser.

Caros amigos e amigas, mãos à obra para o Mestre: quero dizer, vocês que ficam o dia todo ociosos. Vão trabalhar hoje na vinha do Salvador. Oh, meus amados irmãos e irmãs, rogo-lhes que não relaxem seus esforços. Continuem a ser uma igreja viva e cheia de vigor. Agora que tantas escolas dominicais precisam de professores, exorto nossos amigos e amigas a não deixarem essa parte bendita do culto esmorecer. Aqui estão dezenas de salas clamando por professores. As crianças vêm e não há ninguém para instruí-las. Deveria ser assim?

Se vocês querem ser uma igreja atuante, devem ser uma igreja amorosa, porque a fé age pelo amor. Vocês devem amar-se muito uns aos outros (João 13:34), amar a Cristo mais ainda, e amar as almas dos pecadores que perecem; sim, amá-los, para que não os deixem perecer, se puderem fazer algo pela salvação deles. Fazer o bem às pessoas é necessário para que o amor seja real. O amor de Jesus o fez buscar e salvar os perdidos (Lucas 19:10), e se o nosso for digno desse nome, estaremos engajados no mesmo santo esforço.

Mas se vocês querem ser uma igreja atuante e uma igreja amorosa, vocês devem ser uma igreja que crê, pois isso é o cerne de tudo. A fé age pelo amor. Voltem-se, então, para a oração e renovem sua fé em Jesus. Que o Espírito Santo os conduza novamente ao amor sacrificial de Jesus.

Muitas vezes, volto imediatamente à cruz, de onde parti quando comecei minha jornada rumo ao céu. O diabo me diz: "Você não é cristão". Não creio que ele saiba muito sobre ser cristão, mas já tentei mostrar-lhe algumas evidências de que sou, e ele apenas as ignorou. Acho que o caminho mais curto é ir direto à cruz e dizer: "Eu descanso somente em Jesus". Satanás não pode negar que você é um cristão quando você fica firme.

Vão e pratiquem suas primeiras obras; creiam em Jesus como no princípio, e permaneçam nele para sempre. Como pecadores, apeguem-se ainda a Jesus e deixem que Ele seja tudo para vocês. A fé constante criará um amor fervoroso, e o amor fervoroso realizará uma obra perseverante. Assim, seremos um povo zeloso por boas obras.

O Senhor abençoe a cada um de vocês, por amor a Cristo. Amém!

SERMÃO PROFERIDO EM 1880

6

A PEQUENA E A GRANDE FÉ

Você, homem de pequena fé, por que duvidou?
MATEUS 14:31

Mulher, que grande fé você tem! Que seja feito como você quer.
MATEUS 15:28

ENTRE o mais baixo grau de fé e o estado de descrença, existe um grande abismo. Um abismo imensurável se abre entre aquele que tem mesmo uma mínima fé em Cristo, e aquele que não tem nenhuma. Um está vivo, embora fraco; o outro está "morto em suas transgressões e pecados" (Efésios 2:1). Um está justificado, o outro "já está condenado, porque não crê no nome do unigênito Filho de Deus" (João 3:18). O cristão mais fraco está a caminho do céu; o outro, sem fé, está trilhando a estrada que desce para a ruína, e finalmente encontrará sua parte entre os incrédulos — uma parte realmente terrível.

Embora falemos dos que creem como se fossem todos de um só grupo, há uma grande distância entre a fé fraca e a fé forte. Graças a Deus, é uma distância na única estrada segura — a estrada do Rei. Nenhum abismo separa a pequena fé da grande fé; pelo contrário, a pequena fé precisa apenas percorrer a estrada real, e ela alcançará seu irmão mais forte, tornando-se também "fortalecida no Senhor e na força do seu poder" (Efésios 6:10).

Quero animar alguns dos viajantes mais lentos ao longo do caminho sagrado. Gostaria que as dúvidas fossem eliminadas, e a fé reavivada. Quero que você Fraca-Mente, você Muito-Temor, você Desalento[1], e todos do rebanho dos pequeninos, criem coragem e esperança nesta manhã, e observem que ainda não desfrutaram de tudo o que o Senhor lhes preparou.

Embora um pouco de fé salve, há mais fé a ser obtida: a fé que fortalece, alegra, honra e torna útil é uma graça muito desejável. Está escrito: "Ele nos dá cada vez mais graça" (Tiago 4:6), e, portanto, Deus tem mais disponível para nós. A pequena fé pode crescer muito até ficar madura em plena certeza (Hebreus 10:22), com toda sua maturidade e doçura.

Há três coisas que vou abordar. A primeira é a pequena fé gentilmente censurada: "Você, homem de pequena fé, por que duvidou?". Em segundo lugar, a pequena fé ternamente elogiada; pois não é pouca coisa ter qualquer fé, mesmo que deva ser chamada de pequena. Em terceiro lugar, concluirei falando da grande fé como algo muito mais elogiável. Neste último tópico, detenho-me nas graciosas palavras do nosso Mestre: "Mulher, que grande fé você tem! Que seja feito como você quer".

Li para vocês duas histórias nos capítulos quatorze e quinze do Evangelho segundo Mateus. É memorável que os incidentes, que

---

[1] São todos nomes de personagens de *A peregrina* [*The Pilgrim's Progress, part II*], John Bunyan, 1684.

ilustram a pequena e a grande fé, estejam tão intimamente ligados. Presumo que vocês tenham as histórias de Pedro e da mulher cananeia claramente em suas mentes. Mantenham suas Bíblias abertas enquanto eu prego; e que o Espírito de Deus abra seus corações para entendê-las!

I

Primeiro, temos *a pequena fé gentilmente censurada.*

O que direi sobre ela para começar, senão isto? — que é frequentemente encontrada onde esperávamos coisas maiores. Aquele homem que é repreendido pela pequena fé é Pedro. Pedro, a quem o Senhor havia comunicado um conhecimento muito claro de si mesmo. Pedro, o líder dos Doze. Pedro, posteriormente o grande pregador de Pentecostes. Pedro, que foi exaltado por alguns como o primaz ou Papa da igreja apostólica, embora ele não reivindicasse tal posição.

Este é Pedro, que foi uma verdadeira lasca de pedra tirada da rocha de fundação. Pedro, a quem o Mestre deu as chaves, e a quem Ele entregou a comissão: "Pastoreie as minhas ovelhas", e "Pastoreie os meus cordeiros" (João 21:15-17). É Pedro, a quem Jesus diz: "Você, homem de pequena fé". E, meu querido irmão ou irmã, será que não é verdade que você obteve grande misericórdia, desfrutou de altos privilégios, recebeu graciosa proteção e foi eminentemente favorecido com comunhão íntima e preciosa com Cristo? A esta altura, vocês deveriam ser fortes na fé, mas ainda não são.

Vocês logo estarão no lar celestial. Seus cabelos grisalhos estão prateados com a luz da terra de Emanuel. Vocês quase conseguem ouvir o canto dos santos do outro lado do estreito riacho. Na sua idade, tão longamente ensinados por Deus, tão profundamente experimentados nas coisas de Cristo, vocês deveriam ser pais na fé, enquanto ainda são crianças. Vocês deveriam ser mães em Israel, e ainda são meros bebês. Não é assim? Por que esse triste fato é tão inegável?

Salomão falou do cedro que está no Líbano, e do hissopo que brota no muro (1Reis 4:33), mas eu, com muita frequência, tenho visto um hissopo que está no Líbano e, às vezes, um cedro que nasce no muro! Quero dizer, vi grande graça onde parecia não haver nada que a favorecesse, e vi uma pequena graça onde tudo era vantajoso para o seu crescimento. Essas coisas não deveriam ser assim.

Vocês e eu — que não somos mais crianças — que não somos mais navegadores de águas costeiras, mas nos lançamos em águas profundas, e temos experiência em muitas tempestades; vocês e eu — que não somos mais estranhos ao nosso Senhor, pois o Rei muitas vezes nos tem levado à sua sala do banquete, e o seu estandarte sobre nós tem sido o amor (Cântico dos Cânticos 2:4) — nós deveríamos nos envergonhar se ainda lamentamos pela nossa pequena fé. É uma fraqueza da qual não podemos nos gloriar, pois a incredulidade é extremamente pecaminosa. Bem poderia o Mestre levantar o dedo para alguns que estão sentados nestes bancos esta manhã e nos dizer, um por um: "Você, homem de pequena fé, por que duvidou?"

Continuando com nossa gentil censura, notamos que a pequena fé é demasiadamente ávida por sinais. Não creio que a fé de Pedro tenha se tornado pequena de repente: ela sempre foi pequena, e a visão do vento forte tornava sua pequenez evidente. Quando ele disse: "Se é o Senhor mesmo, mande que eu vá até aí, andando sobre as águas" (Mateus 14:28), sua fé era fraca. Por que ele queria andar sobre as águas? Por que ele buscava tal maravilha? Era porque sua fé era pequena.

A fé forte se contenta sem sinais, sem provas, sem maravilhas. Ela crê na simples Palavra de Deus, e não pede nenhum milagre que a confirme. Sua confiança em Cristo é tal que não pede nenhum sinal nos céus, acima, ou nos mares, abaixo. A pequena fé, com seu "se é você mesmo", precisa ter sinais e maravilhas, ou cede à dúvida. Reflexões de intenso júbilo, sonhos extraordinários, providências únicas, respostas incomuns às orações, momentos de comunhão especiais — a pequena fé precisa sempre ter algo fora do comum, ou ela entra em colapso.

O clamor perpétuo da pequena fé é: "Mostra-me um sinal do teu favor" (Salmos 86:17). A pequena fé não se satisfaz com o arco-íris que Deus coloca nas nuvens (Gênesis 9:13), mas deseja que todos os céus sejam pintados com cores celestiais. Ela não se satisfaz com a medida habitual concedida aos santos, mas precisa ter mais, fazer mais e sentir mais do que o restante dos discípulos.

Por que Pedro não pôde permanecer no barco como o restante de seus irmãos? A resposta parece inevitável: porque sua fé era fraca, ele precisava deixar o convés para ir às águas profundas. Ele não conseguia crer que era realmente seu Mestre caminhando sobre o mar, a menos que caminhasse com Ele.

Como ele ousou pedir para fazer o que seu divino Senhor estava fazendo? Que ele se contentasse em compartilhar a humilhação de seu Senhor! Ele ousou demais ao pedir para participar de um milagre da Onipotência. Devo duvidar, a menos que eu possa fazer milagres como os do meu Senhor? Mas esta é uma das falhas da fé fraca: ela não se contenta em beber do cálice do Senhor, e ser batizada com seu o batismo (Mateus 20:22); ela deseja compartilhar do seu poder, e participar do seu trono.

A fé fraca tende a ter uma opinião demasiadamente elevada de seu próprio poder. "Oh", diz alguém, "é claro que você está errado. O erro da fé fraca não é ter um conceito demasiadamente baixa de sua própria capacidade?" Irmãos e irmãs, ninguém pode ter um conceito demasiadamente baixo de seu próprio poder, pois ninguém tem poder nenhum. O Senhor Jesus Cristo disse: "Sem mim vocês não podem fazer nada" (João 15:5), e o testemunho dele é verdadeiro.

Se tivermos uma fé forte, nos gloriaremos em nossa falta de poder, porque o poder de Cristo repousa sobre nós. Se tivermos uma fé fraca, diminuiremos nossa confiança em Jesus, e colocaremos em nossos corações, em vez dela, muitas medidas de confiança em nós mesmos. Na mesma proporção em que a fé em nosso Senhor se enfraquece, nossa ideia de nós mesmos se fortalece. "Mas eu pensava", diz alguém, "que alguém com forte autoconfiança era alguém de grande fé". Ele é alguém que não tem fé nenhuma, pois autoconfiança e confiança em Cristo não habitarão o mesmo coração.

Pedro tem a ideia de que pode andar sobre as águas ao encontro de seu Mestre: ele não tem tanta certeza quanto aos outros, mas está convicto sobre si mesmo. Tiago, João, André e os demais estão no barco: não ocorreu a Pedro que qualquer um deles pudesse abrir caminho sobre as ondas. Mas ele brada: "Se é o Senhor mesmo, mande que eu vá até aí, andando sobre as águas".

A autoconfiança não é atributo da fé, mas é um ninho para a dúvida. Se ele se conhecesse bem, poderia ter dito: "Senhor, mande que João vá até ti sobre as águas. Sou indigno de tão alta dignidade". Mas não: sendo fraco na fé, ele confiava plenamente em si mesmo, e correu adiante dos demais, como sempre fazia; apressou-se em um caminho que era totalmente impróprio para seus pés trêmulos trilharem, e logo descobriu seu erro. É a fé fraca que permite ideias elevadas sobre si mesma. A grande fé esconde o ego sob suas asas poderosas.

Observem outro ponto sobre a fé fraca: ela é muito afetada pelo ambiente. Pedro estava indo muito bem até perceber que o vento agitava as ondas intensamente, e então sentiu medo. Não são muitos os cristãos propensos a viver pelo que sentem e veem? Não ouvimos frequentemente alguém novo na fé dizer: "Eu sei que sou convertido, pois me sinto muito feliz"? Ora, mas um vestido novo fará muitas moças felizes, ou alguns trocados no bolso farão um jovem se alegrar.

Esta é a melhor evidência que vocês podem apresentar? Ora, se vocês estiverem muito preocupados, pode ser um sinal melhor de conversão do que se sentirem felizes. É bom lamentar o pecado, lutar contra ele, e tentar vencê-lo: esta é uma marca segura da graça, muito mais segura do que a alegria transbordante.

Ah, cristão! Você será feliz no sentido mais elevado e melhor se confiar em Jesus, mas logo perderá a sua felicidade se a sua felicidade se tornar a base da sua confiança. A felicidade é algo que depende de como as coisas acontecem. Muitas vezes, é apenas felicidade e nada mais. É algo muito casual. Mas a fé descansa em Cristo, aconteça o que acontecer, e, portanto, é feliz quando a tristeza e o sofrimento acontecem, porque confia inteiramente em Deus.

A fé descansa na fiel palavra e promessa do Senhor, aconteça o que acontecer. "Ah!", diz outro, "sinto-me muito abatido e sem ânimo. Sinto-me pesado até mesmo quando tento orar; não consigo orar como gostaria". E assim você duvida da sua salvação por causa disso, não é? A sua salvação depende da vivacidade das suas orações? É a marca da fé fraca estar completamente em alta, e logo depois, totalmente em baixa.

Se vivermos por sentimentos, irmãos e irmãs, viveremos uma vida muito miserável; não habitaremos na casa do Pai, mas seremos uma espécie de ciganos, cujas tendas são frágeis demais para nos proteger do tempo. Que Deus nos livre de sermos como o barômetro, que em um momento marca "bom tempo", mas o "bom tempo" no barômetro não dura muito — logo volta a marcar "chuva", e cai para "muita chuva", antes mesmo de nos darmos conta.

A fé forte sabe onde está seu verdadeiro fundamento e, percebendo que ele é imutável, conclui que sua base é tão firme em um dia quanto em outro; pois seu fundamento está em Cristo. Assim como a promessa na qual a fé forte se apoia não é algo variável, mas é sempre o mesmo, seu descanso é o mesmo. Nosso Deus fiel salvará todos aqueles que depositam sua confiança nele; e é isso, do começo ao fim: não precisamos ir além.

Mas a pobre fé fraca está sempre olhando para fora para ver se o vento está soprando do leste[2]; e se estiver, lá se vai ela. O vento está calmo? Pedro caminha sobre as ondas. O vento uiva? Pedro começa a afundar. Isso é fé fraca completamente. Ela nos prende ao seu ambiente. Deus nos ajude a nos erguermos acima disso!

A fé fraca, em segundo lugar, esquece-se do seu perigo constante, e não aprendeu a crer apesar dele. Quando Pedro caminhava sobre as ondas, ele estava em tanto perigo quanto quando começou a afundar. Mas na prática, ele nunca esteve em perigo algum, pois Jesus, que o capacitou a pisar sobre o mar, estava igualmente perto durante todo o tempo. Quando ele estava de pé, não conseguiria ter dado mais um passo se o Mestre não o tivesse sustentado; e quando começou a afundar, seu Mestre ainda foi capaz de impedir seu afogamento. Será que seu Mestre retiraria a força divina, e permitiria seu pobre servo perecer? A força de Pedro se foi; mas será que seu Mestre retiraria a força divina e o deixaria perecer?

A fé fraca muitas vezes comete esse erro: ela não sabe que está em extremo perigo o tempo todo quando olha para si mesma, onde quer que esteja; e que ela nunca está em perigo se olhar para seu Senhor, onde quer que esteja. Se você tiver uma visão turva de sua confiança, e começar a confiar, não em Cristo pura e simplesmente, mas em Cristo Jesus conforme você o experimenta, em Cristo conforme você se

---

[2] No hemisfério norte, especialmente na Inglaterra, ventos vindos do leste costumam ser associados a tempo frio e seco, pois eles vêm do Ártico. Era um sinal de que dificuldades estavam a caminho. Assim, dizer que "o vento está vindo do leste" era quase como dizer "as coisas não vão bem" ou "há um mau presságio".

assemelha a Ele, ou em Cristo e em si mesmo como ensinado por Ele — se você permitir quaisquer misturas em sua confiança, se transformarão em adulterações; e quando uma sensação de perigo invadir sua mente, você não saberá para onde se voltar para o restabelecimento de sua confiança.

A fé forte tem somente Jesus como seu fundamento; mas a fé fraca tenta acrescentar algo a Ele. Amados e amadas, a fé fraca tenta compensar a falta de confiança no Senhor Jesus Cristo com uma confiança indistinta em si mesma, ou em suas obras, ou em suas orações, ou em qualquer outra coisa. Se Pedro tivesse confiado totalmente em Jesus, quer tenha caminhado sobre as ondas, quer afundado nelas, teria feito o que seu Mestre lhe dissera para fazer, e a razão de sua segurança não teria sido minimamente afetada pelo vento.

Se sua confiança está somente em Jesus, o fundamento de sua confiança nunca é incerto. Oro para que possamos nos elevar acima dessa fé fraca que sobe e desce com os incidentes passageiros da história desta vida.

A fé fraca, quando consciente do seu perigo, oscila como um pêndulo para o extremo oposto e, num instante, exagera o seu risco. Em um momento, Pedro caminha sobre o mar; no momento seguinte, está prestes a se afogar. É curioso que ele nunca tenha pensado em nadar. Quando a alma confia em Cristo, ela se deteriora pela confiança em si mesma. Quando alguém descobre a maneira de andar sobre a superfície das águas, esquece sua habilidade de nadar nelas.

A autoconfiança desaparece quando a confiança em Cristo entra. Era a vontade do Senhor que Pedro reconhecesse sua fraqueza, e visse com a maior clareza que sua posição dependia de sua fé, e que essa fé encontrava toda a sua força no Senhor Jesus. Pedro afunda; e agora é: "Salve-me, Senhor!" (Mateus 14:30). Ele está sem saber o que fazer. Pedro vai se afogar — afogar-se com o Mestre ao seu lado! Ele morrerá enquanto Jesus continuará vivo. Será que irá? Ele perecerá fazendo o que Jesus lhe ordenou! Você acha que ele irá? É evidente que esse medo o dominou.

Eu mesmo já fui tolo o bastante para sentir que afundaria em problemas e necessidades. Que tolice! Tendo misturado nossa confiança com os dias bons, quando os dias maus chegam, grande parte da nossa confiança desaparece, e tememos perecer. Acaso alguns de vocês que creem na doutrina da perseverança final dos santos, já não disseram: "Um dia serei derrotado pelas mãos do inimigo"?

Vocês sabem que Cristo prometeu guardá-los; e, no entanto, por não estarem se guardando como deveriam, sonham que Ele não os guardará. Vocês sabem que Ele nunca os abandonará, e ainda assim estão quase prontos a desistir de tudo, dizendo: "Afinal, acabarei provando que sou um apóstata". Dessa forma, a pequena fé se esquece do seu Senhor. Ela é muito ousada em um dia, e muito tímida em outro, e tudo porque confunde suas confianças.

A pequena fé fala irracionalmente. Observem como nosso Senhor coloca: "Você, homem de pequena fé, por que duvidou?" A fé é bom senso espiritual; a incredulidade é irracional. Pois vejam: se Cristo era digno de confiança — e Pedro provou que pensava que Ele era, lançando-se ao mar para ir até Ele — então, se Ele era digno de confiança, Ele seria digno de ser totalmente confiável.

Não se pode dizer de alguém: "Ela é uma pessoa confiável, pois às vezes você pode confiar em sua palavra". Esse "às vezes" é fatal para o caráter dela. A menos que se possa sempre confiar nela, ela não é honesta e sincera. E se você diz das promessas de Deus: "Posso crer em algumas delas e, portanto, espero que Ele me ajude em certas dificuldades", você está acusando o Senhor de não ser confiável.

Oh, meu amigo, você está minando a pequena fé que você tem. Seu Senhor poderia lhe perguntar: "Por que você só crê esse tanto?

Tendo chegado até aqui, por que não vai até o fim? A razão que o faz crer esse tanto deveria fazê-lo crer em um grau ainda maior. Você, de pequena fé, por que duvidou? Se você tem alguma fé, por que duvida? Se tem alguma dúvida, por que tem alguma fé?" As duas coisas são inconsistentes uma com a outra.

Não é lógico ser um cristão fraco em um Cristo forte. Por que uma fé vacilante em uma promessa firme? Por que uma fé débil em um Salvador poderoso? Deixe sua fé adquirir as características daquele em quem ela descansa, e da Palavra em que você crê, e então você estará firmado em terreno bom, sólido e racional, que pode ser justificado à consciência e ao entendimento.

Mais uma palavra sobre nossos medos inquietantes: a fé fraca costuma se molhar. Embora Pedro não tenha se afogado, você pode ter certeza de que ele ficou encharcado até os ossos. Se você tiver uma fé forte, frequentemente escapará de um mar de problemas, no qual a fé fraca ficará submersa. A fé fraca é uma grande produtora de temores. Conheço amigos que têm uma fábrica de problemas em seu próprio quintal, onde estão sempre produzindo varas para açoitarem a si mesmos nas costas.

Eles não creem que Deus vá ajudá-los nisso e naquilo e, portanto, estão sempre se irritando e se preocupando, e ficando encharcados com os problemas. Ouvi dizer que roupas feitas em casa raramente servem bem; e, com toda certeza, problemas caseiros são muito difíceis de suportar. Também ouvi dizer que um terno feito em casa dura mais do que outras peças de roupa, e acredito que problemas caseiros permanecem conosco por muito mais tempo do que aqueles que Deus nos designa.

Feche essa fábrica de medos e, em vez disso, faça canções! Se Deus enviar um problema, Ele não lhe chegará a você sem propósito. Mas quem molhou Pedro completamente, e o encharcou nas águas profundas? Quem, senão o próprio Pedro? Pedro, o aflito Pedro! Se ele tivesse tido uma fé forte, poderia ter mantido sua capa seca. Seu Mestre impediu que as águas o destruíssem; mas Ele permitiu que elas o deixassem bastante desconfortável. Se você tem uma fé fraca, terá alegrias interrompidas e muitos desconfortos.

Assim, eu muito gentilmente censurei a fé fraca. Não tive a intenção de machucar um fio de cabelo dela. É uma coisa bendita, esta pequena fé — não a pequenez dela, mas a confiança dela. Se eu pudesse matar a fraqueza e vivificar a fé; se a pequenez pudesse ser removida e a fé pudesse ser aumentada, como eu ficaria feliz!

II

Agora, a pequena fé será ternamente elogiada. Eu a louvarei, não por ser pequena, mas por ser fé. Uma pequena fé precisa ser tratada com ternura, e então será vista como algo precioso.

Em primeiro lugar, é a fé verdadeira. A fé que começa e termina com Jesus é a fé verdadeira. A menor fé em Jesus é um dom de Deus; e é "fé igualmente preciosa" (2Pedro 1:1), embora não seja uma fé igualmente forte. Se você tiver fé como um grão de mostarda, poderá fazer maravilhas (Mateus 17:20). Embora a sua fé seja tão pequena que tenha de procurá-la olhando atentamente, se ela estiver lá, é da mesma natureza que a fé mais forte.

Uma moeda de cinquenta centavos é de aço, tanto quanto uma de um real — e ambas trazem o selo da Casa da Moeda com a mesma legitimidade. Uma gota de água é da mesma natureza que o mar; uma faísca é fogo tanto quanto as chamas do Vesúvio. Ninguém sabe o que pode resultar de uma faísca de fé — eis que ela incendeia mil almas! Uma pequena fé é uma fé verdadeira, pois não disse Nosso Senhor a este Pedro: "Bem-aventurado é você, Simão Bar-Jonas, porque não foi carne e sangue que revelaram isso a você, mas meu Pai, que está nos céus"? Pedro tinha fé verdadeira; e, no entanto, era uma pequena fé.

Ó meu ouvinte, "se você crê que Jesus é o Cristo, você é nascido de Deus" (1João 5:1). Se você se lança debilmente sobre a obra consumada de Cristo, a sua fraqueza no ato de confiar não altera o fato de que você caiu em mãos fortes, que certamente o salvarão. Jesus diz: "Olhem para mim e sejam salvos" (Isaías 45:22); e embora o seu olhar seja muito instável, e embora lágrimas de tristeza obscureçam seus olhos, de modo que você não consegue vê-lo como Ele é, ainda assim o seu olhar para Ele salvou você. A pequena fé nasce do alto, e pertence à família dos salvos. A fé mais fraca ainda é a fé verdadeira.

Em seguida, observem que a pequena fé obedece à ordem, e não dá um passo sem ela. A pequena fé grita: "'Se é o Senhor mesmo, mande que eu vá até aí, andando sobre as águas'. Jesus disse: 'Venha!' E Pedro, descendo do barco, andou sobre as águas e foi até Jesus". Se Jesus diz: "Venha!", a pequena fé responde: "Eis que vou!". Embora o seu andar seja vacilante, e os seus joelhos estejam fracos, ela irá aonde Jesus a chamar, seja por enchentes, seja por chamas.

Conheço alguns crentes que raramente têm muita alegria; e, no entanto, quase os invejo por sua consciência sensível. O receio diante do menor contato com o pecado e o cuidado em andar nos mandamentos do Senhor são traços admiráveis do seu caráter. Afinal, o andar com graça é mais precioso que emoções agradáveis. Como culpá-la, pobre pequena fé, quando a vejo com medo de pôr um pé na frente do outro por receio de se desviar? Eu preferiria ver você em toda a sua timidez, tão cuidadosamente obediente, do que o ouvir falando em voz alta sobre a sua grande fé, e então ver você brincando com o pecado e a tolice, e sentindo como se, quando erra gravemente, não é um assunto de grande importância. Quando a consciência sensível floresce lado a lado com a pequena fé, elas são como dois lírios para a delicada beleza.

A pequena fé de Pedro não tentou andar sobre as águas até que Jesus lhe deu a palavra de permissão. Pedro pediu: "mande que eu vá até aí" (Mateus 14:28). Muitas vezes tenho notado homens e mulheres muito desanimados, muito temerosos, e ainda assim não fariam absolutamente nada nesse mundo, até que ouvissem a voz atrás deles dizendo: "Este é o caminho, andem por ele" (Isaías 30:21). Hesitam até consultar o mapa da Palavra; não ousam se aventurar, mas ajoelham-se e clamam por orientação, pois têm medo de dar um único passo para além da vontade do seu Mestre. Eles têm um santo pavor de agirem sem a autorização do Senhor. Pequena fé, se esta é a sua mente e temperamento, nós a elogiamos muito!

E, em seguida, a pequena fé luta para chegar a Jesus. Pedro não deixou o barco apenas para andar sobre as águas, mas aventurou-se sobre as ondas para poder chegar a Jesus. Ele não buscou um calçadão sobre as ondas, mas a presença e a companhia do seu Senhor. "E Pedro, descendo do barco, andou sobre as águas e foi até Jesus" (Mateus 14:29). Esse era o único objetivo que ele almejava — chegar a Jesus. Alguns de vocês, eu sei, têm uma pequena fé; mas anseiam por se aproximar de Jesus. Seu anseio diário é: "Senhor, revela-te a mim, revela-te em mim, e torna-me mais semelhante a ti".

Aquele que busca Jesus tem o rosto voltado para a direção certa. Embora seus joelhos tremam e suas mãos estejam fracas (Isaías 35:3; Hebreus 12:12), o pouco progresso que você faz é em direção a Jesus: você se esforça para servi-lo e honrá-lo, não é? Embora os ventos sejam contrários, você ainda rema para a praia. Bem, embora você tenha uma pequena fé, ainda assim me alegro por estar lutando, apesar da sua fraqueza, para alcançar o seu Senhor. Lute, pois Jesus vem ao seu encontro; e quando você começar a afundar, por desconfiar, Ele o levantará e o colocará de pé novamente. Portanto, tenha bom ânimo!

A pequena fé merece elogios novamente, pois se comporta com grandiosidade por um tempo. Embora Pedro tivesse uma pequena fé, ele caminhou de uma onda para outra, de forma extraordinária. Imagino-o, depois de saltar do barco, atônito por se ver em pé sobre as águas, que pareciam vidro sólido sob seus pés. Então, ele dá um passo, como uma criança que começa a andar; e, com crescente confiança, dá outro. Embora as ondas se movam sob seus pés, ele permanece firme sobre elas, por um tempo.

A pequena fé pode portar-se com coragem por um tempo. Quando Jael pegou o prego e matou Sísera, a mulher tímida se tornou uma guerreira, ao matar o inimigo de Israel (Juízes 4:21). Muitas vezes, os mancos e os fracos, que normalmente não conseguem levantar a mão na guerra santa, sentem-se estimulados e desenvolvem um heroísmo temporário. A pequena fé, à semelhança da funda de Davi, matou o gigante (1Samuel 17:49); à semelhança do punhal canhoto de Eúde, a pequena fé trouxe libertação.

Por isso, eu a elogio, pequena fé, pois você tem os seus dias de glória e os seus dias festivos, e você também pode contar as suas vitórias realizadas em nome de Jesus. Se assim fosse sempre com você como é em certos momentos, você seria verdadeiramente gloriosa! Ainda agora, você pode mover montes (Mateus 17:20), e arrancar árvores pela raiz (Lucas 17:6).

Devo elogiar ainda mais a pequena fé, pois, quando se encontra em dificuldades, recorre à oração. Pedro começa a afundar. O que ele faz? Pedro ora: "Salva-me, Senhor!". A pequena fé sabe onde reside a sua força. Quando está em dificuldades, não volta o rosto para as confianças humanas ou para as forças naturais, mas volta-se imediatamente para a oração. A pequena fé derrama seu coração diante do Senhor.

Amo ver alguém, na hora da sua angústia, começar a orar imediatamente, de modo tão natural quanto pássaros assustados alçam voo. Alguns de vocês correm para os seus vizinhos ou consultam sua própria inteligência: mas o lucro desse caminho nunca os enriqueceu. Vamos tentar um método mais seguro: em vez de pararmos para vasculhar todo o nosso velho estoque, vamos imediatamente a Jesus em busca de novo auxílio.

Ai de nós! Não vamos a Jesus até batermos em todas as portas. E então, a misericórdia reside no fato de que Ele não nos afasta dos seus portões. Pedro não tentou o recurso natural da natação; ele passou a orar: "Salva-me, Senhor!". Ó pequena fé, você é grande em suplicar em oração. Talvez a sua própria fraqueza a leve com mais frequência a se ajoelhar. Sua oração não prevalece tanto quanto a da fé forte, mas você é igualmente abundante nela. Vejo você tremendo e desfalecendo; então você clama ao Senhor por força, e Ele a ajuda. Este seu clamor prova que você é da estirpe espiritual. Assim como aconteceu com alguém da antiguidade, de quem foi dito: "Eis que ele está orando" (Atos 9:11).

A fé fraca tem novamente este elogio: ela está sempre segura, porque Jesus está perto. Pedro estava seguro sobre as águas, porque Cristo estava sobre as águas. Embora a fé dele fosse fraca, ele não foi salvo pela força de sua fé; ele foi salvo pela força daquela mão cheia de graça que se estendeu para segurá-lo quando afundava no meio do turbilhão. Se você crê em Cristo de todo o seu coração, se Ele é o princípio e o fim da sua confiança, então, embora esteja cheio de tremor e angústia, Jesus nunca o deixará perecer. Se você depende dele, e somente dele, não é possível que Ele menospreze sua fé e o deixe morrer.

Longe de nós insultar nosso Senhor, supondo que Ele deixaria um cristão se afogar, por mais fraca que fosse a sua fé! Já que Cristo vive, como podemos morrer? Já que Cristo está sobre as águas, como podemos afundar nelas? Não somos um com Ele? (João 17:21)

Há algo mais que devo dizer em louvor à fé pequena: o próprio Jesus reconhece que ela é fé. Ele disse a Pedro: "Você, homem de pequena fé". Ele o repreendeu porque ela era pequena, mas sorriu para ele porque era fé. Amo pensar que o Espírito Santo é o Criador, não da pequenez da nossa fé, mas da nossa fé, por menor que seja. Nosso Senhor reconhece como sendo fé aquilo que suspeitamos ser pouco mais do que incredulidade:"Senhor, eu creio; ajuda-me a vencer a minha incredulidade!" (Marcos 9:24) é uma oração admirável para muitos de nós. Cristo perdoa a incredulidade, mas aceita graciosamente a fé, apesar de sua fraqueza. Ele consegue vislumbrar a fé quando, como uma faísca solitária, ela está quase sufocada sob um monte de entulho.

Mais uma vez, elogio a pequena fé porque, embora às vezes possa afundar, ela se recupera, e realiza suas antigas maravilhas de novo. Pedro está prestes a afundar; mas quando seu Mestre o segura, o que você vê? Não há apenas uma pessoa agora andando sobre as águas — há duas! Cristo está lá, e Pedro também. Pedro, meu caro, você anda sobre o mar como se tivesse nascido para isso! Oh, sim — sua pequena fé aprendeu, por um toque do Senhor, a fazer novamente o que havia feito no início: no começo, ele andou sobre as ondas, e agora ele o faz de novo. Vejam! Ele sobe com seu Senhor para o barco.

Vocês que costumavam ter bons momentos e, agora, olham para trás com profundo pesar, podem ter o mesmo novamente. Vocês que se tornaram desanimados e tristes, tenham bom ânimo: vocês terão seus dias de festa de volta, e muito mais radiantes do que antes. "Oh, mas eu desperdicei tanto tempo", diz alguém, "por causa desta minha fé débil". Bem, é uma grande pena. Mas há uma promessa que recomendo à sua fé: "Restituirei a vocês os anos que foram consumidos pelos gafanhotos" (Joel 2:25).

Os gafanhotos devoraram nossas colheitas — este gafanhoto da fraqueza devorou nossos frutos agradáveis; no entanto, nosso Senhor Jesus Cristo pode nos restituir esses anos desperdiçados. Ele pode condensar dez anos de proveito em um só; Ele pode colocar sete dias de alegria em um único dia, e assim compensar o passado perdido. Nosso Senhor pode fazer com que vocês se esqueçam da vergonha da sua mocidade, e não mais se lembrem da desgraça da sua viuvez (Isaías 54:4).

Coragem, pequena fé! Você vem de uma boa família, embora ainda seja um bebê. Coragem, pequena fé! Você pode ficar enjoado a bordo do barco, mas o barco em que você embarcou é seguro, apesar de tudo, e você chegará à costa tão certo quanto a fé forte o fará. Confie no Senhor e espere em silêncio por Ele, assim a sua manhã certamente chegará no devido tempo. Assim, gentilmente censurei, e amavelmente elogiei a pequena fé.

III

Mas, agora, quero dizer algumas palavras para finalizar, e este é o lema delas: *a grande fé é muito mais elogiada.*

Às vezes, ela é encontrada onde menos esperamos. O Senhor a viu, não no corajoso Pedro, mas na delicada mulher que implorou por seu filho. Ela tinha uma fé que envergonhava os homens. Ela era uma mulher cananeia, de um povo sobre a qual se disse: "Maldito seja Canaã!" (Gênesis 9:25), e, no entanto, tinha uma fé mais forte do que a do israelita Pedro, que conhecia as Escrituras desde a menino. Ela sentia grande desconforto em casa, pois o demônio estava lá, atormentando sua filha (Mateus 15:22). É terrível ter o diabo no marido, ou um demônio na filha, quando se vai para casa; no entanto, muitas mulheres cristãs têm que suportar isso. Apesar dessa grave provação, embora não houvesse nada para confortá-la em casa, ela era uma mulher de grande fé. E por que não deveríamos ser como ela?

Meu irmão e irmã, embora sua condição e circunstâncias sejam grandemente contrárias ao seu crescimento na graça, por que você não deveria crescer até a maturidade em Cristo? O Senhor Jesus é capaz de levar você a fazer isso. Embora lhe pareça que o vento gélido e o solo hostil ao seu redor devam limitar seu crescimento, o grande lavrador pode cultivá-lo de tal maneira que você se tornará uma planta de renome (Ezequiel 34:29).

Deus pode transformar circunstâncias desvantajosas em meios de crescimento. Pela santa química de sua graça, Ele pode extrair o bem do mal (Gênesis 50:20). Louvo com especial ênfase a grande fé quando a vejo florescer quando tudo ao seu redor lhe é hostil.

Em seguida, a grande fé deve ser elogiada porque ela persevera na busca pelo Senhor. Esta mulher veio a Jesus para que sua filha fosse curada e, a princípio, Ele não lhe respondeu uma só palavra. Oh, o sofrimento do suspense silencioso! Em seguida, Ele fala friamente dela aos seus discípulos. Mas ela continua a buscar. Ela veio em busca de uma bênção, e crê tanto no Senhor, o Filho de Davi, que não aceita um "não" como resposta. Ela quer ser ouvida, e por isso persiste em seu pedido com insistência até o fim.

Oh, que fé forte! Uma fé perseverante e viva! Irmãos e irmãs, vocês a possuem? E vocês, homens, estão realmente usando-a? Aqui está uma mulher que a tinha e a manteve ativa até alcançar plenamente seu objetivo. Que todos nós a tenhamos em abundância!

A grande fé também enxerga luz na mais densa escuridão. Não creio que Pedro tenha sido provado tanto quanto a mulher cananeia. O que foi que assustou Pedro? O vento. O que poderia tê-la assustado? Ora, as palavras duras do próprio Jesus. Quem tem medo do vento? Agora, quem não teria medo de um Cristo que rejeita, proferindo palavras duras? "Não é correto pegar o pão dos filhos e jogá-lo aos cachorrinhos" (Mateus 15:26). Ora, se nosso Senhor tivesse falado assim a qualquer um de nós, nunca mais teríamos ousado orar. Teríamos dito: "Não, essa resposta dura me rejeita por completo". Mas não é assim com a grande fé.

"Não", diz ela, "Ele me chamou de cachorro. Cachorros ocupam um lugar na sociedade. Cachorrinhos são carregados por seus donos para dentro de casa na hora do jantar, para que possam ganhar uma casquinha de pão, ou uma migalha. E, Senhor, eu serei um cão e receberei minha migalha — para ti, é apenas uma migalha concedê-la, mas, para mim, seria tudo". Então ela lhe implora tão prontamente como se Ele lhe tivesse feito uma promessa em vez de uma recusa.

Uma grande fé pode ver o sol à meia-noite. Uma grande fé pode fazer colheitas no meio do inverno, e encontrar rios em lugares altos. Uma grande fé não depende da luz do sol — ela vê o que é invisível sob outra luz. Uma grande fé apoia-se na certeza de que algo é assim porque Deus o disse, e ela está satisfeita com a simples palavra dele. Se ela não vê, nem ouve, nem sente nada que corrobore o testemunho divino, ela crê em Deus por amor a Ele, e tudo vai bem com ela.

Ó irmãos e irmãs, espero que vocês cheguem a esta condição — que creiam em Deus, embora seus sentimentos desmintam a promessa divina, e suas circunstâncias a desmintam. Embora todos os seus amigos e companheiros desmintam o Senhor, que vocês cheguem a este ponto: "Seja Deus verdadeiro, e todo ser humano, mentiroso" (Romanos 3:4); mas não ousamos duvidar de Deus, e não o faremos. Sua promessa firme permanecerá. Uma fé como esta merece ser elogiada, e o próprio Senhor a elogia — "Mulher, que grande fé você tem!"

A grande fé ora e prevalece. Como ela prevaleceu! Sua filha ficou sã, e ela recebeu generosamente tudo o que desejava. "Que seja feito como você quer" (Mateus 15:28). Gostaria que tivéssemos essa fé poderosa em conexão com a oração. Uma só pessoa orando com fé receberá mais de Deus do que dez pessoas — ou, antes, dez mil — que sejam instáveis e incrédulas.

Acreditem em mim: existe uma maneira de orar pela qual vocês podem obter o que desejam de Deus. Vocês podem ir até o seu quarto, pedir e receber (Mateus 6:6); sim, e sair de sua reclusão dizendo: "Já tenho o que pedi" (Marcos 11:24). Mesmo que vocês ainda não desfrutem disso, de fato, mas a fé de vocês apreendeu, reconheceu e creu nisso, e assim tomou posse imediata. Não era frequente Lutero, em seus piores momentos, sair de seus aposentos gritando: "Venci!"? Ele lutava com Deus em oração, e então sentia que tudo o mais com que tinha que lutar era simplesmente nada — se ele tivesse vencido o céu pela oração, poderia vencer a terra, a morte e o inferno. A fé forte faz tudo isso, e continua a fazer mais.

Ela tem extraordinária reverência por Deus; contudo, tem uma intimidade maravilhosa com Ele. Se você ouvisse o que a fé forte às vezes ousou dizer a Deus, pensaria que é profano. E profano seria de quaisquer outros lábios que não os dela. Mas quando Deus a permite conhecer o segredo do Senhor, que é dado àqueles que o temem (Salmos 25:14), e quando Ele diz: "Peça o que você quiser, e assim lhe será feito" (2Crônicas 1:7), ela tem uma liberdade bendita com Deus, que deve ser elogiada, e não proibida. Se o Filho libertar vocês na oração, vocês serão verdadeiramente livre (João 8:36). A fé forte está sempre do lado que vence. Ela traz as chaves do céu em seu cinto. O Senhor não pode negar nada às súplicas de uma fé que não vacila.

Eu elogio a fé forte, porque Jesus, nosso Senhor, sentia prazer com ela. Que música havia em suas palavras: "Mulher, que grande fé você tem!"! Não havia sorriso em seu rosto quando disse a Pedro: "Você, homem de pequena fé": entristecia-o que seu seguidor tivesse uma fé tão pequena nele. Mas agora trazia-lhe alegria o fato de aquela pobre mulher ter uma fé tão esplêndida. Ele olha para a fé dela como os joalheiros olham para uma pedra preciosa, cujo valor não podem calcular.

"Mulher", disse Ele, "que grande fé você tem! Estou encantado com sua fé. Estou maravilhado com sua fé. Estou satisfeito com sua fé". Bem, irmãos e irmãs, vocês e eu ansiamos por fazer algo para agradar ao nosso Redentor. Sei que muitas vezes clamamos: "Oh, o que farei para louvar o meu Salvador?" Creiam nele, então. Creiam na promessa dele sem duvidar. Creiam nele imensamente. Creiam nele sem vacilar. Creiam nele completamente, e prossigam na fé até que pareça não haver mais nada em que crer. Creiam eternamente em Cristo Jesus!

Como aquela mulher ficou enriquecida! Ela havia agradado ao seu Senhor, e então o seu Senhor a agradou: "Que seja feito como você quer". Ela foi embora, a mulher mais feliz sob os céus. Deus lhe havia concedido o seu desejo, e ela ficou muito feliz, e feliz para sempre.

Que benefícios poderíamos conferir aos outros se tivéssemos uma fé forte! A filha dela ficou sã. Mãe, se você tivesse mais fé, seu filho logo seria levado a Jesus. Pai, se você tivesse mais fé, seu filho não seria esse fardo para você como é agora. Tenha mais fé em seu Deus. E quando você tratar melhor seu Pai, seus filhos tratarão você melhor. Se você desonra seu Deus duvidando dele, você ainda se admira que seus filhos desonrem você desobedecendo-o? Ó pregador, se você tivesse mais fé, você teria mais convertidos! Professor de escola dominical, se você tivesse mais fé, mais crianças seriam trazidas ao Salvador pelas suas aulas. "Senhor, aumenta-nos a nossa fé"! (Lucas 17:5) Espero que todos estejamos dizendo isso em nossos corações neste momento.

Concluirei perguntando: não há uma grande razão para que nossa fé em Cristo seja forte? Não há todas as razões para que tenhamos a fé mais forte nele? Eu contei-lhes, outro dia, de John Hyatt[3] em seu leito de morte. Alguém lhe disse: "Sr. Hyatt, o senhor pode confiar

---

[3] John Hyatt (1767-1826) foi um pregador metodista inglês. Desempenhou um papel importante na continuação do Primeiro Grande Avivamento na Inglaterra. Foi influenciado pelos fundadores do movimento metodista John Wesley e George Whitefield. Pregava especialmente entre os pobres de Londres, e atraiu muitos ouvintes com seus sermões.

sua alma a Cristo agora?" Ele disse: "Eu confiaria a Ele dez mil almas, se as tivesse". Podemos ir ainda mais longe. Se todos os pecados que os seres humanos cometeram desde que o mundo foi criado e os tempos começaram fossem colocados sobre a cabeça de um pobre pecador, esse pecador estaria justificado em crer que Cristo poderia tirar esse pecado.

Quem quer que você seja, e o que quer que você seja, traga seus fardos e coloque-os aos pés dele (Mateus 11:28), lançando sobre Ele toda a sua ansiedade, pois Ele cuida de você (1Pedro 5:7); e que, a partir de agora, Ele nunca mais precise lhe dizer: "Você, homem de pequena fé, por que duvidou?" Oh, que Ele frequentemente exclame, com alegria, a seu respeito: "Mulher, que grande fé você tem! Que seja feito como você quer".

Que o Espírito Santo abençoe estas minhas simples palavras para sua edificação! Amém!

SERMÃO PROFERIDO EM 1890

7

A PERSEVERANÇA DA FÉ

Então Jesus exclamou: "Mulher, que grande fé você tem! Que seja feito como você quer." E, desde aquele momento, a filha dela ficou sã.
MATEUS 15:28

TENHO falado frequentemente a vocês sobre a fé desta mulher cananeia, sobre a maneira como Cristo a provou, e sobre a maneira como, por fim, a honrou e concedeu tudo o que a suplicante buscava. A história é tão cheia de significado que alguém poderia virá-la para um lado, para o outro e para o outro, e sempre veria joias nela. Mas agora vou usá-la com apenas um objetivo e propósito, a saber, encorajar aqueles que têm fé suficiente para buscar Jesus, mas ainda não conseguiram encontrá-lo para sua alegria e paz.

Esta mulher havia chegado às suas últimas palavras. Não vejo o que mais ela poderia ter dito. Quando Cristo a comparou a um cachorro[1],

[1] No contexto cultural dos antigos hebreus, inclusive no período de Jesus, os cães selvagens (caninos ferais) viviam em matilhas, perambulando por áreas

ela consentiu e disse: "É verdade, Senhor, pois os cachorrinhos comem das migalhas que caem da mesa dos seus donos". Ela havia dito suas últimas palavras, e agora Cristo lhe dá as suas melhores palavras. Às vezes, é o costume dele nos fazer esperar até que estejamos completamente exaustos, e não possamos dizer nem fazer mais nada. Então, Ele vem com a plenitude de seu poder divino, e nos dá o que buscamos insistentemente de suas mãos. Nosso limite é a oportunidade de Ele agir.

I

A primeira observação que farei — e sobre a qual me aprofundarei — é que *somente a fé pode manter uma alma buscando Cristo mesmo diante do desânimo*. Outras causas podem nos levar até uma certa distância na estrada, mas somente a fé nos levará ao destino do descanso certo.

O que levou essa mulher a buscar o Salvador foi, antes de tudo, o amor que uma mãe ou pai possui. Ela amava sua filha. Ela ansiava que o demônio fosse expulso, para que sua filha não se sentisse tão gravemente aflita. Isso a fez prosseguir, e a conduziu em direção à bênção. Mas ela teria parado antes da bênção que desejava se tivesse confiado apenas no amor natural.

Em grande parte, a sinceridade fervorosa dela também a impeliu a seguir em frente. Quando desejou a cura para sua filha, ela realmente

---

urbanas e rurais. Esses animais, frequentemente famintos, alimentavam-se de carniça e restos orgânicos, podendo representar perigo real à população. Embora não fossem classificados como animais ritualmente impuros segundo a Lei Mosaica (Levítico 11:27), não eram bem-vistos. A comparação de uma pessoa a um cão equivalia a uma grave ofensa, implicando desprezo social extremo e até associação com características morais negativas (cf. 1 Samuel 17:43; 2 Reis 8:13). Esse contexto amplifica o impacto da metáfora usada por Jesus. Comparar alguém a um cão era uma forma de expressar profundo desprezo, associando a pessoa à impureza moral e ao mal.

queria isso. Quando clamou: "Senhor, Filho de Davi, tenha compaixão de mim!", foi com uma voz estridente e cheia de dor. Ela não conseguiria suportar ser recusada. Ninguém jamais havia ido a Cristo implorando com mais sinceridade do que esta pobre cananeia. Ela não repetia mecanicamente orações fixas. Sua oração saltava, ardente como fogo, de dentro da alma: "Senhor, Filho de Davi, tenha compaixão de mim!" Mas sua sinceridade fervorosa por si só não a teria sustentado na provação pela qual fora chamada a passar. Ela teria cedido se ela não tivesse a convicção de que Cristo poderia curar sua filha, e que Ele o faria.

A humildade dela também a ajudou muito. Se ela fosse uma mulher orgulhosa, teria se mantido firme em sua dignidade quando foi chamada de cachorro. Mas a humildade veio em seu auxílio, e ela não se ofendeu nem mesmo com a palavra dura que o Senhor usou, e ainda assim implorou por sua pobre filha. Ora, o amor que uma mãe ou pai possuem, a sinceridade e a humildade são coisas boas, mas não são suficientes para capacitar uma alma a se agarrar a Cristo e nunca o deixar ir. Algo mais é necessário.

Esta cananeia era uma mulher muito sensata, sábia e prudente. Ela sabia como transformar as palavras duras de Cristo em argumentos a seu favor. Ela não se deixaria abater. Se Ele não a tivesse respondido, ela teria implorado de novo. Quando Ele respondeu, dizendo que não era apropriado dar o pão dos filhos aos cachorrinhos, ela encontrou até mesmo naquele osso seco um pouco de tutano com que alimentar seu coração. Mas, por mais sábia e prudente que fosse, ela não teria perseverado até o fim, e obtido a bênção que desejava para sua filha, se não fosse por sua fé.

Podemos ter certeza de que o único aspecto especialmente notável no caso desta mulher foi sua fé. Primeiro, porque temos a palavra de Cristo para isso. Ele lhe disse: "Mulher, que grande fé você tem!". Ele não disse: "Que grande amor pela sua filha você tem!", ou: "Que grande sinceridade você tem!", tampouco: "Que grande importunação é a sua!", mas apontou o poder que a impeliu a seguir em frente, e disse: "Mulher, que grande fé você tem!" E não somente neste caso Cristo atribuiu a bênção à fé, mas em quase todos os casos em que alguém suplicando obteve favor dele, a fé foi o meio de garantir a misericórdia. A fé é mais poderosa do que todas as outras forças disponíveis.

Além disso, sabemos que a fé sustenta as outras graças. Se outras graças podem ajudar uma alma a suplicar a Cristo, todas elas devem seu poder à fé. Se não fosse pela fé que ela tinha para sustentá-la, o amor que uma mãe ou pai possuem não teria ajudado muito essa mulher. Se não fosse pela fé, ela não teria sido sincera e importuna. A fé supre a força das outras graças; e, o que quer que façam, é a fé que age por meio delas. A fé é a força dominante. A fé se apega a Cristo na escuridão, se apega a um Cristo silente, se apega a um Cristo que nega, se apega a um Cristo que repreende, e não o solta. A fé é o grande gancho firme que prende uma alma ao Salvador.

A fé é, portanto, poderosa por causa de seus efeitos. A fé ilumina, reanima e fortalece. Está escrito sobre alguns antigos que "olharam para Ele, e foram iluminados" (Salmos 34:5). A fé lança luz sobre muitas coisas, e nos permite ver que, mesmo quando cristo parece carrancudo, Ele tem amor em seu coração. A fé olha diretamente para o coração de Cristo, e nos ajuda a perceber que Ele não pode ter outra coisa além de misericórdia para uma alma que o busca.

A fé também reanima; e quando o coração começa a desfalecer, a fé traz seu frasco de sais e o revigora. Davi disse: "Eu teria desfalecido, se não tivesse crido" (Salmos 27:13). Crer é a cura para o desfalecer, e vocês só conseguem fazer uma de duas coisas: crer ou desfalecer. A fé é, portanto, uma grande ajuda para quem busca Cristo, porque ela ilumina e reanima a alma. A fé também fortalece. Ela faz até o coxo pegar a presa (Isaías 33:23).

Amados e amadas, é porque a fé assim ilumina, reanima e fortalece, que é a graça mais útil para uma alma que busca segurar-se firme em Cristo, mesmo quando não consegue contemplar confortavelmente seu rosto bendito. Além disso, a fé se segura firme em Cristo. É como o grego Antístenes[2], que foi a um filósofo para aprender. Mas ele era um aluno lento, e o filósofo o mandou embora. Na próxima vez que a turma se reuniu, Antístenes retornou, e o filósofo então mandou chamar um homem com um porrete para expulsar o aluno estúpido; mas tal homem foi vencido pelo aluno, pois Antístenes disse: "Não há porrete suficientemente pesado que me faça afastar de você. Aqui pretendo ficar e aprender tudo o que você puder me ensinar."

Oh, que tenhamos uma fé como essa, uma fé que diga a Cristo: "Não me afastarei de ti. Não há ameaça em teu Livro que possa me afastar de ti. Se eu ficar contigo, no máximo eu posso perecer, e se me afastar de ti, certamente perecerei. Portanto, permanecerei contigo para sempre, e aprenderei tudo o que me ensinares"!

A fé é como aquele grego nos dias de Xerxes, que agarrou o barco com a mão direita. Quando lhe cortaram a mão direita, ele o agarrou com a esquerda. Quando lhe cortaram também a esquerda, agarrou o barco com os dentes — e não o soltou até que lhe tivessem separado a cabeça do corpo[3]. Alma, se você conseguir agarrar-se a Cristo com a sua mão direita ou com a sua mão esquerda, tudo estará bem com você. Apegue-se a Cristo e diga a Ele com aquela santa ousadia, que é

---

[2] Antístenes (c. 445 a.C. - 365 a.C.) foi um filósofo grego considerado o fundador da filosofia cínica. Aprendeu retórica com Górgias antes de se tornar um discípulo fervoroso de Sócrates.

[3] Essa é uma história lendária – não documentada – sobre feitos heroicos que devem ter acontecido nas Guerras Greco-Persas do século 5 a.C., na época em que Xerxes I era o rei do Medos.

o resultado da fé: "Não te deixarei ir, se me não abençoares" (Gênesis 32;26). A fé, então, agarra-se a Cristo.

Além disso, eu diria que a fé age melhor sem ajuda. Quantas vezes tentamos ajudar a fé! Queremos que a fé tenha algumas obras, algumas orações, algo nosso para ajudá-la. É como se alguém tentasse me ajudar a andar, dando-me uma cadeira grande para carregar. Eu certamente andaria pior com esse peso do que sem ele.

Vocês nunca ouviram esta parábola sobre a fé? Ela precisava atravessar um riacho, e a correnteza era forte, e alguém veio até ela e disse: "Ó fé, eu ajudarei você! Venha comigo rio acima até encontrarmos um lugar onde possamos atravessá-lo onde é mais raso". A fé disse: "Não. Mandaram-me atravessar o rio aqui". Então outro veio e disse: "Construirei uma ponte para você, para que possa atravessar o rio com facilidade", e colocou algumas pedras, mas pouco resultou disso. Ainda outro disse: "Vou procurar um barco", mas não havia barcos por perto; portanto, pediram à fé que esperasse até que construíssem um barco para ela. O que ela fez? Ela tirou a roupa, e mergulhou na água. "Graças a Deus", disse ela, "que eu sei nadar"; e assim ela nadou, e chegou ao outro lado sem barco, sem ponte e sem lugar raso.

É isso que eu gostaria de ver todo pecador aqui fazer — começar a nadar. Não esperem por ajuda. Lancem-se na correnteza do amor eterno. Creiam em Cristo Jesus, e não confiem mais na carne, com suas pontes e barcos. Entreguem-se à correnteza da graça eterna, e atravessem a nado. A fé pode capacitá-los a fazer isso. Nada mais pode. Levem essa lição para casa, vocês que estão buscando o Salvador neste momento.

A única coisa que os ajudará a seguir a Cristo até encontrá-lo é a fé. Todos os seus gemidos e lamentos não os ajudarão. Todas as suas dúvidas e tremores serão inúteis. O seu sentimento de que são vis demais para serem salvos, e de que a fé seria uma soberba em um pecador como vocês, não os ajudará. Mas creiam que Cristo pode salvá-los, e confiem em seu poder e amor, e Ele o salvará. Venham a Ele como esta mulher de Canaã veio, com seu clamor importuno: "Senhor, Filho de Davi, tenha compaixão de mim!", e Ele terá compaixão de vocês assim como teve dela. Creiam, creiam, creiam! Vocês nunca chegarão à luz por duvidar e temer. O caminho para a liberdade passa por esta única porta da fé. Portanto, creiam e vivam.

Encerramos assim nossa primeira observação: só a fé sustenta a alma na busca por Cristo, mesmo diante do desânimo.

II

Em segundo lugar, *a fé é extremamente agradável a Cristo.*

O que Ele disse a essa mulher começou com uma exclamação, como se tivesse sido tocado por algo nela que o agradasse. Ele disse: "Mulher, que grande fé você tem!" Observem que Ele falou da fé dela, e somente dela. Ele sabia do amor dela, sabia da sinceridade dela, sabia da humildade dela, mas não disse absolutamente nada sobre essas coisas: sua única palavra de elogio foi para a fé dela: "Mulher, que grande fé você tem!" É isso que meu Senhor está procurando agora. Ele se aproxima e olha para vocês, que estão sentados nestes bancos, para ver se vocês têm fé nele. Algumas reflexões surgem dessa verdade e devem encorajar você que busca Cristo.

Ele é capaz de enxergar o surgimento da fé. "Se você tiver fé como um grão de mostarda" (Mateus 17:20), Ele a verá e a aceitará. Se você só agora começou a crer que Jesus é o Cristo e a confiar nele, embora sua fé seja fraca como a de um bebê que não consegue ficar em pé, mas apenas se agarra ao seio de sua mãe, Jesus verá o surgimento dela. Ele é "o Autor" e também "o Consumador da nossa fé" (Hebreus 12:2). Seja confortado, então, por essa pequena confiança que você tem nele.

Ainda assim, Ele se alegra muito quando vê uma grande fé. Quando um grande pecador diz: "Eu creio que Ele é um Salvador grande o suficiente para me salvar", isso traz alegria ao coração de Cristo. Quando um velho pecador diz: "Eu creio que seu precioso sangue pode tirar o pecado de setenta ou oitenta anos", o coração do Senhor se alegra. Cristo ama uma grande fé. Ele merece uma grande fé e, quando a recebe, fica muito satisfeito. "Mulher", disse Ele, "que grande fé você tem!"

Ele tem tanto prazer na fé, que ignora outras coisas por ela. Se as orelhas daquela mulher estivessem pesadas com brincos, e seu pescoço enfeitado com pérolas, e suas mãos cobertas de diamantes, Ele não se importaria com seus adornos e com sua beleza. Ele vê algo que preza mais do que qualquer uma dessas coisas. Por isso, diz a ela: "Mulher, que grande fé você tem!" Ele se encanta com aquele enfeite precioso do coração dela. É por esse tesouro que "o rei está preso em suas galerias" (Cântico dos Cânticos 7:5). Cristo pode dizer da fé: "Você roubou meu coração com um só dos seus olhares" (Cântico dos Cânticos 4:9). Quando podemos apenas olhar diretamente para Cristo e confiar nele, Ele se encanta e se deixa levar pela nossa fé.

Por que Cristo dá tanta importância à fé?

Uma razão é porque a fé o glorifica. Ele dá muita importância a ela, porque ela dá bastante importância a Ele. A fé crê nele, a fé confia nele, a fé vive nele. Ele é "o primeiro entre dez mil" (Cântico dos Cânticos 5:10), e o "totalmente desejável" (Cântico dos Cânticos 5:16) para a fé. Portanto, porque a fé estima altamente a Cristo, Cristo estima altamente a fé.

Em seguida, Ele ama a fé porque ela é o caminho designado por Deus para recebermos bênçãos. Deus poderia ter designado ordenanças como o veículo da graça, mas, em vez disso, Ele fez da fé o meio da salvação. Se você crer, será salvo (Romanos 10:19). Aquele que, pela fé, se apega a Cristo, apegou-se à vida eterna. "Quem crer e for batizado será salvo" (Marcos 16:16). Ao pecador já despertado, nossa palavra ainda é: "Creia no Senhor Jesus e você será salvo" (Atos 16:31). Visto que Deus colocou a fé em um lugar tão eminente, nosso Senhor Jesus Cristo ama vê-la. Ele tem prazer naquilo que agrada ao seu Pai.

Outra razão pela qual Ele a ama, é porque a fé é o sinal que permite que o trem da misericórdia chegue até nós. Sempre que a incredulidade levanta seus braços[4], o trem da graça todo-poderosa fica parado. De certo lugar é dito: "Ele não fez ali muitos milagres, por causa da incredulidade deles." (Mateus 13:28) A dúvida deles bloqueou o caminho. Mas quando a fé abaixa o sinal, o grande Maquinista do expresso celestial diz: "Aquela estrada está livre", e tem prazer em vê-la, e segue em frente. Oh, se você puder deixar esse sinal abaixar, mostrando que a linha está livre de todos os obstáculos, Cristo certamente virá até você! Ele se alegra em vir aonde quer que possa trazer uma bênção, e se alegra quando a fé lhe revela uma estrada livre.

Além disso, a fé está de braços abertos para abraçar Cristo. Quando Ele chega à nossa porta, e a encontra trancada, Ele permanece ali até que seu amargo lamento seja: "a minha cabeça está cheia de orvalho, e os meus cabelos, das gotas da noite" (Cântico dos Cânticos 5:2). Mas quando Ele chega, e a porta está aberta, o pobre pecador fica tão absorvido por sua beleza que nunca pensa em deixá-lo do lado de fora. "Oh", diz a alma que busca, "se ao menos o Senhor entrasse!" E tão certo quanto Cristo encontra a porta assim aberta, Ele entra e mora ali; e torna aquele coração e aquela casa felizes com sua presença divina.

[4] Nos sistemas ferroviários antigos, os sinais para orientação dos maquinistas eram feitos por meio de semáforos mecânicos com braços operados manualmente. Quando o braço estava na posição horizontal significava "Estrada bloqueada. Pare!"; quando estava abaixado indicava "Estrada livre. Siga!".

Cristo ama a fé porque a fé lhe dá uma calorosa acolhida; a fé o acolhe; a fé o abraça.

Oh, eu pediria a Deus que vocês pensassem nisso, e exercessem fé no Senhor Jesus! Que vocês vejam que nada dá tanto prazer a Cristo como um pecador que crê nele; que nada lhe dá mais alegria do que ter um santo descansando completamente nele, sem dúvida ou medo!

Assim, consideramos dois pontos: primeiro, que a única maneira de manter uma alma buscando Cristo mesmo diante do desânimo é pela fé; e, segundo, que nada dá tanto prazer a Cristo como crer em seu nome.

III

O terceiro ponto é que *a fé, em pouco tempo, recebe uma boa resposta do Senhor Jesus.*

Esta pobre mulher, a princípio, não recebeu resposta à sua petição: "Senhor, Filho de Davi, tenha compaixão de mim!". Então, quando Cristo lhe falou, deu-lhe o que pareceu ser uma resposta dura. Mas, depois de um tempo, estas notas de música celestial soaram em seus ouvidos: "Mulher, que grande fé você tem! Que seja feito como você quer."

Ora, alguém aqui provavelmente diz: "Tenho orado por tanto tempo, e não recebi nenhuma resposta animadora." Bem, se você crê em Jesus, em breve terá uma boa resposta. Se você puder apenas se segurar em Cristo, determinado a implorar a Ele até que Ele lhe responda, Ele lhe responderá de forma benévola em breve. Mas continue crendo que Ele pode dar o que você precisa, e o fará, e você não ficará decepcionado.

"Oh", diz alguém, "você não sabe quem eu sou! Sou um rejeitado!" Assim também era esta mulher. Ela era uma mulher cananeia, mas obteve uma bênção de Cristo; e você também receberá uma, se a seguir na fé dela. "Oh, mas eu não acho que sou digno!" Cristo já lhe disse que você era um cão? Ele praticamente disse isso a esta mulher. No entanto, ela se agarrou a Ele pela fé, e prevaleceu. "Oh, mas eu orei em vão por tanto tempo!" Ela também. Ela orou e por um tempo não recebeu resposta. "Oh, mas eu me sinto pior depois de orar!" E ela também; pois em vez de receber uma resposta reconfortante, ela ouviu Cristo dizer: "Não é correto pegar o pão dos filhos e jogá-lo aos cachorrinhos".

Você não pode estar em pior situação do que ela. "Mas o diabo me perturba", você acrescenta. O diabo também a perturbava. Ela suplicou por sua filha, que estava possuída por um demônio; e continuou suplicando e crendo. Ela estava determinada a obter a ajuda de Cristo. Eu exorto você a chegar à mesma santa determinação. Oh, que a graça todo-poderosa ajude você a fazer isso; pois, ao fazê-lo, você certamente receberá uma resposta de paz! Você receberá uma resposta reconfortante em breve, provavelmente muito antes do que esperava.

Lembrem-se de que Cristo tarda para aumentar sua fé. Sua fé crescerá ao ser exercitada; portanto, Ele a testa para que vocês a usem e, assim, ela se torne mais forte.

Cristo tarda para aumentar a própria bênção. Enquanto esperamos, a bênção se torna maior, e nossas mãos se tornam mais fortes para segurá-la quando ela finalmente vier. Vocês podem ter certeza de que nosso bendito Senhor lhes dará uma resposta reconfortante; pois vocês não sabem que Ele tem sustentado vocês enquanto suplicam, mesmo sem ainda não receberem resposta?

Vocês já repararam que, quando os irmãos de José desceram ao Egito, ele se comportou para eles como se fora um estranho, falou-lhes asperamente e os colocou na prisão. Mas, apesar disso, houve uma coisa que ele fez: quando voltaram para Jacó, ele encheu seus sacos. Ele não lhes sorria, mas também não os deixou passar fome. E, por fim, é dito: "José, não conseguindo se conter, se deu a conhecera seus irmãos". No fim, ele foi obrigado a demonstrar seu amor; mas mesmo antes de fazer isso, ele sempre enchia seus sacos (Gênesis 42—45).

Cristo lidará com vocês da mesma maneira: enquanto vocês esperam, Ele não os deixará morrer. Oh, de que maneiras maravilhosas o Senhor me sustentou quando, durante anos exaustivos, eu buscava sua face! Eu não poderia dizer que tinha algum conforto que ousasse chamar de meu, e ainda assim fluiu em minha alma, de alguma forma, um poder secreto que me permitiu ainda ter esperança e perseverar. Por isso, desejo agora bendizer o nome dele, e digo isso para o encorajamento de qualquer um que esteja com problemas na alma como eu estava. Continue buscando a graça dele, caro amigo. Creia ainda; pois Ele deve lhe dar uma resposta reconfortante um dia desses.

Considerem bem que é contrário à natureza dele recusar-se a abençoar. Ele é transbordante de amor, e, se Ele afasta um pecador por um tempo, é somente porque é certo, bondoso e sábio fazê-lo. Mas seu coração anseia por cada pecador que busca. Ele deseja você mais do que você o deseja. Ele anseia por você. Ele deseja abençoá-lo. Ele precisa fazer; é da natureza dele fazer. Ele deve lhe dar uma resposta reconfortante em breve, digo novamente, pois é contrário à sua glória recusar.

Se Ele permitisse que um pecador que está buscando morresse, onde estaria a sua verdade? Não disse Ele: "o que vem a mim, de modo nenhum o lançarei fora"? (João 6:37) Nosso amigo, Dr. Thomas Barnardo[5], declara que, em seus abrigos, nenhum menino de rua jamais

---

[5] Thomas John Barnardo (1845–1905) foi um filantropo cristão irlandês, fundador e diretor de casas de acolhimento para crianças pobres e carentes. Desde a fundação da primeira "Dr. Barnardo's Home" em 1866, até sua morte, quase 60.000 crianças haviam sido acolhidas. As casas ainda estão em funcionamento.

será rejeitado — que nenhuma criança carente será mandada embora. Suponha que alguém pudesse provar — o que, é claro, não se pode fazer — que dezenas de crianças carentes tenham sido recusadas: toda a confiança nele seria destruída. E se pudesse ser provado que Cristo alguma vez expulsou uma única alma que veio a Ele, isso tiraria sua honra e glória. Nunca mais poderíamos crer nele. Nem pensar em uma coisa dessas!

É contrário à palavra dele recusar qualquer um que busca, e Cristo cumprirá sua palavra. "Venham a mim", disse Ele, "todos vocês que estão cansados e sobrecarregados, e eu os aliviarei" (Mateus 11:28). Se Cristo não dá a vocês descanso quando vocês se aproximam dele, de que vale a sua promessa?

Meu amigo, Dr. Arthur Pierson[6], enviou-me, outro dia, uma imitação de uma nota de banco norte-americana, que lá chamam de "greenback"[7]. De um lado dela estavam estas palavras: "O meu Deus há de suprir tudo aquilo de que vocês precisam, segundo a sua riqueza em glória, em Cristo Jesus" (Filipenses 4:19). Uma nota magnífica aquela! Tinha o nome do nosso amigo no verso: "Arthur T. Pierson". E ele me disse, quando a enviou: "Se o Senhor não pagar você, eu o farei, pois endossei a nota". Nunca terei de procurar meu irmão Pierson, e

[6] Arthur Tappan Pierson (1837–1911) foi um pastor presbiteriano, líder cristão, missionário e escritor norte-americano. Pregou mais de 13.000 sermões, escreveu mais de 50 livros, e ministrou palestras bíblicas como parte de um ministério de pregação internacional que o tornou famoso na Escócia, Inglaterra e Coreia do Sul. Substituiu Spurgeon no Tabernáculo Metropolitano, em Londres, de 1891 a 1893. É reconhecido por seu importante papel no movimento missionário evangélico do século 19.

[7] Nome dado a cédulas de dólar norte-americano emitidas entre 1862 e 1865. "Greenback" significa "verso verde", por terem seus versos nessa cor.

dizer-lhe que a nota que ele endossou não tem valor. Ela permanece válida, e continuará para sempre.

Deus cumprirá sua própria palavra. Eu sei disso; e quero que vocês, pobres pecadores, saibam também. Ele não pode fugir de sua própria promessa. Sua palavra é a sua garantia. É assim com toda pessoa honesta. Mas para o Deus três vezes santo, seu juramento e promessa garantem eternamente que Ele os cumprirá.

Deixem-me acrescentar que, se Cristo não der uma resposta reconfortante a vocês que o buscam com fé, isso é contrário ao seu costume. Aqui estão muitos de nós que conhecemos nosso Senhor há quarenta anos, e podemos dizer que o seu costume é ouvir nossas orações, e de acordo com a nossa fé, assim nos é feito.

Venha, você, pecador mais sujo saído do inferno! Venha e lave-se na fonte cheia de sangue, e você será purificado, tão certo como Cristo morreu! Venha, você, o mais baixo, o mais vil, o que mais se abomina, o que mais se condena de toda a humanidade! Venha, olhe para Ele e confie nele. E se você não encontrar paz imediatamente, tenha certeza de que a terá em breve. "Vem a manhã" (Isaías 21:12). Não é por muito tempo que a misericórdia de Cristo pode ser contida. Ele deve irromper, como José, chorando por seus irmãos. Ele deve se manifestar a vocês em amor, ternura e bondade. Dou minha garantia pessoal por Ele de que, em qualquer dia, será assim.

IV

Por fim, chegamos a um pensamento muito glorioso: *a fé que recebe a palavra de Cristo possui tudo*. Ouça o texto novamente: "Então respondeu Jesus, e disse-lhe: 'Mulher, que grande fé você tem! Que seja feito como você quer.'E, desde aquele momento, a filha dela ficou sã."

A palavra de Cristo era uma palavra de conforto. Como a expressão no rosto desta mulher deve ter mudado quando Cristo lhe falou assim! Quando Ele não lhe respondeu uma só palavra, ela, sem dúvida, tinha um rosto abatido e triste, e provavelmente copiosas lágrimas brotaram em seus olhos. Mas agora que Ele começou a falar em outro tom, como ela se sentiu feliz! A mulher não estava mais triste. Assim é até hoje. Uma palavra de Cristo pode confortar você, mesmo que falem em interná-lo em um hospício por estar tão depressivo. Uma palavra do meu Mestre será como o bálsamo de Gileade para as suas feridas. Ele sara os que têm o coração quebrantado (Salmos 147:3). Ele o confortará e lhe falará de paz (Salmos 85:8), como fez com ela.

Era uma palavra de conforto. Era também uma palavra de celebração: "Mulher, que grande fé você tem!" Ela nunca havia sido elogiada assim antes. Não tenho dúvidas de que o marido dela a havia elogiado. Afinal de contas, qual bom marido que não elogia a esposa, assim como está escrito da mulher virtuosa: "também seu marido a louva"? (Provérbios 31:28) Mas o elogio dele nunca foi tão doce quanto esta palavra do Senhor Jesus. Não tenho dúvidas de que sua filha a havia chamado de todos os nomes doces que conseguia pensar, pois ela amava a filha, e é natural acreditar que a filha a amava.

Mas agora, quando Cristo a olha no rosto e diz: "Mulher, que grande..." — "Ah!", ela pode ter pensado, "Ele vai dizer: 'que grande pecado você tem', ou então: 'que grande alvoroço você faz.'" Que espanto ela deve ter tido quando Ele disse: "Que grande fé você tem!" Ele lhe deu uma medalha de ouro por sua fé, sim, algo ainda melhor do que isso — ela foi colocada na categoria de "Altamente Elogiada". "Mulher, que grande fé você tem!" Era uma palavra de celebração, e ela precisava dela.

Em seguida, era uma palavra de comando. Observem bem isso. Ouçam: "Que seja feito como você quer". Ele fala como um rei. E se o Senhor agora falar sua palavra cheia de graça com poder, como eu oro para que Ele faça, Ele dirá: "Ministro, conforte aquela mulher que confia em mim". Ele dirá: "Ordenanças, confortem aqueles cansados ali. Pão e vinho, sejam suaves ao paladar daqueles pobres atribulados". Ele dirá: "Reuniões de oração, sejam uma alegria para aqueles pobres provados". O Senhor dos Exércitos fala com uma voz de comando, quando diz: "Consolem, consolem o meu povo", diz o Deus de vocês. "Falem ao coração de Jerusalém e anunciem que o tempo da sua escravidão já acabou, que a sua iniquidade está perdoada"' (Isaías 40:1,2).

Além de ser uma palavra de comando, era uma palavra de criação. Ora, era a mesma palavra que o próprio Deus usou quando criou a luz! Ele disse: "Que seja feita a luz!". Disse à terra: "Que seja feita!", e ela foi feita. Disse aos céus: "Que sejam feitos!", e eles foram feitos (Gênesis 1:1-10). Essa palavra é um decreto. Em latim, é precisamente isso, "fiat"[8]. Então, aqui, aquela mesma voz poderosa diz: "Que seja feito como você quer." Ó Deus, envia um "que seja feito" neste momento a algum pobre coração cansado! Cria luz; cria alegria; cria paz. Ele pode criar tudo isso em seu coração agora. Oh, que Ele possa fazer isso pelo poder de sua graça todo-poderosa! A fé desta pobre cananeia obteve assim, como recompensa, um decreto criativo dos lábios de Cristo.

Além disso, foi uma palavra de concessão. Vejam, todos esses adjetivos começam com a mesma letra: foi uma palavra de conforto, uma palavra de celebração, uma palavra de comando, uma palavra de criação e uma palavra de concessão. "Que seja feito como você quer — exatamente como lhe agradar, qualquer coisa que desejar, e da maneira que desejar tê-la." Cristo rende-se diante de uma fé que vence. Nada

---

[8] A sentença do hebraico bíblico que é traduzida como "Haja luz!", foi traduzida por Jerônimo para a versão Vulgata, em latim, como "*Fiat* lux!" [*Faça-se* a luz!]. Em inglês, *fiat* pode ser usada como sinônimo de *decreto*.

jamais o venceu, exceto a fé. O amor dele é mais forte que a morte. A morte não pôde vencer Cristo, nem todos os poderes do inferno. Mas aqui Ele se rende voluntariamente a uma alma que pode vencê-lo, crendo. "Que seja feito como você quer." Você quer mais alegria? Você quer salvação completa? Você quer descanso perfeito? Eis que Ele diz a cada um de vocês que consegue e crê nele: "Que seja feito como você quer."

Assim, finalmente, esta palavra tornou-se uma palavra que completa: "E, desde aquele momento, a filha dela ficou sã." Desde aquela mesma hora ela ficou boa novamente. Cristo concluiu essa obra rapidamente. Ele não demorou muito para isso. Não leva mais tempo para salvar uma alma do que para um relâmpago se tornar visível. Você passa da morte para a vida em um instante. Quando perdido, arruinado e condenado, o homem se lança aos pés de Cristo e imediatamente é salvo. Não é obra de horas, semanas ou anos quando você confia na obra consumada de Cristo. Tudo o que exigia tempo, Cristo já realizou. Tudo o que resta a fazer pode ser feito em um momento.

Quando alguém tem sede, não demora muito para beber quando a água está perto. Lembrem-se do convite com o qual as Escrituras quase terminam: "Aquele que tem sede venha, e quem quiser receba de graça a água da vida" (Apocalipse 22:17). A água da vida está perto; tome-a. Quando alguém tem fome, não demora muito para comer quando o pão está na mesa. Deus pode agora dar a vocês — que vieram a este Tabernáculo, mas estão longe dele — graça que os capacitará a se aproximarem de imediato. Ele pode tirá-los imediatamente da escuridão do pecado, e torná-los mais brancos que a neve nesse instante. Façam sua a oração de Davi: "Lava-me, e ficarei mais branco do que a neve" (Salmos 51:7).

Creiam em meu Senhor e Mestre. Oh, por que vocês não creem nele? Dúvidas e raciocínios astutos, cessem! Eu agora pegaria o martelo e os pregos, e pregaria minha incredulidade e meu medo na cruz de Cristo. Fiquem pendurados ali, ladrões, e morram! Vocês, dúvidas e raciocínios, destroem as almas das pessoas! Venha aqui, fé simples, você que não tem sabedoria! Você é uma mera criança, mas, ó fé simples, você tem a chave do reino! Venha e seja bem-vinda ao meu coração. Vocês todos não crerão e confiarão em Cristo agora mesmo? Se o fizerem, serão salvos (Atos 16:31). "Que seja feito como vocês querem."

Deus os abençoe! Amém!

SERMÃO PROFERIDO EM 1890

8

A FÉ QUE PURIFICA O CORAÇÃO

Purificando-lhes o coração por meio da fé
ATOS 15:9

O PARTIDO judaico, ou farisaico, opôs-se violentamente ao evangelho de fora para dentro. Aonde quer que os apóstolos fossem, os judeus que não criam, movidos pela inveja, incitavam o povo contra eles. Não suportavam ouvir falar da salvação dos gentios pela graça, mediante a fé (Efésios 2:8,9): isso irritava-lhes, pois pensavam que essa doutrina era contrária à lei de Moisés, na qual se gloriavam (Romanos 2:23). Eram filhos da escrava, sob a antiga aliança das obras, e não suportavam que os filhos da promessa chegassem à herança (Gálatas 4:31). Lutaram e rebelaram-se contra o evangelho da salvação pela graça, pois ia contra seu orgulho natural e seu sentimento de exclusividade da nação. Sim, e mesmo quando qualquer um deles se convertia, como foi o caso (bendita seja a graça de Deus!), a velha natureza ainda estava dentro deles (Efésios 4:22), e o espírito de escravidão ainda era capaz de se afirmar.

Aqueles que pertenciam à seita dos fariseus trouxeram consigo para a igreja uma boa parte das tendências farisaicas, e estas eram perigosas para o jovem reino de Cristo. Mal sei dizer se os princípios legalistas não seriam capazes de causar mais danos dentro da igreja — pervertendo a doutrina pura — do que fora dela, instigando a perseguição. É difícil imaginar como o evangelho poderia ter escapado de ser encoberto e sufocado pelo judaísmo, como um bebê por sua mãe, se não fosse pela graça preservadora de Deus, e pela habitação do Espírito na igreja de Deus.

Vocês sabem, irmãos e irmãs, como lamentamos hoje que alguns que se dizem cristãos estejam se esforçando com o máximo zelo para impor um jugo sobre o pescoço dos discípulos — o qual nem nossos pais nem nós fomos capazes de suportar (Atos 15:10). Eles inventam cerimônias pomposas, observam dias e meses, e estão presos a rubricas[1] e regulamentos — todos os quais são uma servidão inútil e desnecessária às formas exteriores. Outros querem-nos prender com credos e ordenanças não claramente ensinados na Palavra de Deus, nem compatíveis com ela — dos quais Pedro e João nada sabiam, não tendo isso nenhuma força senão a que provém da autoridade humana.

O antigo espírito farisaico é um grande forjador de laços e construtor de prisões. Ele nos sujeita a ordenanças de "não toque nisto, não coma disso, não pegue naquilo", e nos acorrenta com regras de vários tipos: pois não consegue compreender a liberdade com a qual Cristo nos libertou (Colossenses 2:20-22). Ele ensina isso e aquilo, sobre o qual os apóstolos teriam dito: "Não demos tal mandamento". Devemos lutar contra esse espírito agora tanto quanto em qualquer época. Ainda devemos nos recusar a ser de novo enredados no jugo da escravidão. Cristo é tudo. Somos completos nele, e não permitiremos que uma única letra seja acrescentada à sua perfeita lei de liberdade (Gálatas 5:1).

---

[1] Conjunto de prescrições e normas que regulam a celebração dos atos litúrgicos em igrejas mais tradicionais.

Pedro, no grande Concílio de Jerusalém, foi capacitado por sua experiência a responder àqueles que diziam que, a menos que um homem fosse circuncidado, não poderia ser salvo (Atos 15:7-9). Confiem nisso, irmãos e irmãs: não há nada como o trabalho prático para Cristo para ensinar-nos a verdade de Cristo.

Em sua maioria, os hereges da atualidade são um grupinho exclusivo de literatos — hábeis na escrita, mas bem incapazes de falar. Pode ser que seu fracasso nessa direção os amargue, e os leve a se opor ao ministério do evangelho. De qualquer forma, são um grupo de teóricos que nada sabem sobre o serviço prático para o Senhor e, por isso, inventam todo tipo de bobagem de acordo com suas próprias fantasias. Sentam-se em seus escritórios e não fazem nada, e então criticam aqueles que estão prestando serviço árduo, e são bem-sucedidos nele.

Estão tão ocupados em aparar suas penas[2], e refinar suas frases que não se importam em salvar almas; e estão tão empenhados em fazer descobertas que manifestem seus próprios intelectos gigantescos, que não conseguem sujar as mãos com trabalho prático entre os pobres e ignorantes. Não tendo nada em seus corações, toda a sua natureza se concentra na mente; e a mente, sem o equilíbrio de um coração ocupado, começa a tecer teorias e novidades de heresia. Ferozmente liberais, o espírito que manifestam contra os ortodoxos é grandiosamente intolerante — nisso são intensos, mas em quase mais nada, exceto em gerar erros graves, que estão assolando as igrejas e arruinando almas.

Entre os desocupados é que começa todo tipo de mal. Dê a alguém trabalho prático para Jesus e mantenha-o nisso, e ele, como Pedro, aprenderá à medida que avança e, como um rio, irá filtrar-se à medida que flui. Pedro não podia continuar a crer que o evangelho deveria ser

---

[2] As pessoas escreviam com penas de aves, cujas pontas tinham que ser aparadas, como os lápis devem ser apontados hoje.

restrito aos judeus depois que o Senhor ordenou a Cornélio que o chamasse de Jope, para que lhe ensinasse o evangelho: seu serviço prático refinou sua teoria (Atos 10:19-35).

Se aqueles que dominam a ciência botânica nunca tivessem visto uma flor, você iria espantar-se se eles caíssem em grosseiras opiniões heterodoxas? Um naturalista que nunca viu um animal vivo provavelmente não teria um conhecimento sólido em sua zoologia; e, do mesmo modo, aqueles que nunca lidam com as almas humanas — que nunca veem pecadores arrependidos com convicção, nem ouvem os cânticos dos cristãos recém-nascidos em Cristo, nem veem pessoas alegrarem-se na aflição e triunfarem na morte, certamente cometerão erros ao apresentarem-se como mestres.

Reclinam-se em suas cadeiras de estudo, criam teorias vazias como bolhas de sabão, e espalham dúvidas, subvertendo a fé de muitas almas piedosas, porém frágeis — tudo por falta de algo melhor para fazer. Prescrevo-lhes, como remédio — e desejo sinceramente que o tomem — que façam algo por Cristo e pelo bem dos caídos. Pedro se livrou do que, de outra forma, teria sido sua condição natural de intolerância, ao se exercitar no serviço de seu Mestre.

Pedro nos conta como chegou à conclusão de que a circuncisão não era necessária. Por ordem divina, ele entrou e pregou para Cornélio e sua família, e enquanto pregava, eles creram. Ele não havia terminado seu sermão antes que todos se tornassem crentes, e acrescenta: "Deus, que conhece os corações, lhes deu testemunho, concedendo o Espírito Santo a eles, como também o havia concedido a nós" (Atos 15:8). Eles creram, e ele sabia que a fé deles havia purificado seus corações, pois o Senhor enviara o Espírito Santo sobre eles naquele momento (Atos 10).

O Espírito Santo não habita em corações impuros, mas quando o templo do coração é purificado, ali Ele entra (1Coríntios 3:16,17).

Embora esses homens nunca tivessem sido circuncidados, ainda assim eram purificados de coração, pois o Espírito de Deus repousou sobre eles: era evidentemente o mesmo Espírito que havia descido sobre os circuncidados em Jerusalém, visto que produzira os mesmos resultados, "pois eles os ouviam falando em línguas e engrandecendo a Deus" (Atos 10:46).

Ora, se o Espírito não fazia diferença entre circuncisos e incircuncisos, por que a igreja deveria fazer? Pedro, portanto, disse: "Será que alguém poderia recusar a água e impedir que sejam batizados estes que, assim como nós, receberam o Espírito Santo?" (Atos 10:47) Ele, portanto, ordenou que fossem batizados em nome do Senhor e, assim, afirmou sua crença de que a fé os havia purificado (Atos 10:48). Ele viu que o Senhor havia concedido a mais seleta das bênçãos do evangelho aos crentes incircuncisos — o poder do Espírito Santo — e, portanto, sentiu que eles deveriam ser recebidos na igreja sem a circuncisão. O argumento de Pedro é altamente claro e convincente.

Vocês e eu não podemos ser imparciais, porque nós, sendo gentios, naturalmente nos agradamos de um argumento que nos inclua na bênção, mas se estivéssemos sentados como juízes para ouvir a súplica do apóstolo, tenho certeza de que diríamos: "Quer nos abençoe ou nos amaldiçoe, o raciocínio é irrefutável: se Deus não concede o Espírito a menos que o coração tenha sido purificado, então o coração desses homens foi purificado, e é evidente que eles foram purificados somente por meio da fé, visto que eram incircuncisos e totalmente fora da lei judaica. Vendo, então, que são puros de coração, que necessidade pode haver de uma purificação adicional? Que necessidade há de impor-lhes o sinal exterior e visível, a remoção da imundície da carne, quando está provado pelo testemunho divino que eles já são puros de coração? Está bem argumentado, Pedro, e nos alegramos com a conclusão".

Consideremos agora o ponto sobre o qual o argumento baseia-se, a declaração que, em grande parte, constituiu o eixo do raciocínio de Pedro, a saber que, por meio da fé, os corações dos gentios que creem foram purificados.

Primeiro, considerem *o agente dessa purificação*: "por meio da fé". Segundo, *o segredo do seu poder*: foi Deus quem os purificou por meio da fé. Terceiro, *a sede de sua ação*: "purificando-lhes o coração". E, quarto — que não está no texto, mas que deduzimos de nossa própria experiência —, *o modo de sua operação*, ou como a fé purifica nossos corações.

I

Primeiro, então, queridos amigos e amigas, vamos falar do *agente da purificação do coração* — a fé.

Não havia nada além de fé no caso de Cornélio, nada além de fé comum, como vocês e eu possuímos — fé nascida do ouvir, e que repousa somente em Jesus. A fé sozinha operou isso. Leiam o sermão de Pedro a Cornélio, e vocês perceberão que a fé dele não foi criada pela eloquência de Pedro, e não se baseou na sabedoria humana. Pedro contou uma história muito simples sobre a vida, morte e ressurreição de Jesus de Nazaré — exatamente uma história que um garoto convertido de nossas escolas dominicais poderia contar; na verdade, ela é aquela "velha, velha história"[3]. E enquanto ele a contava — e espero que de modo não tão rouco quanto sou forçado a fazer nesta manhã —, o poder de Deus estava presente, e o centurião e sua família creram naquele testemunho.

---

[3] Arabella Katherine Hankey, "The Old, Old Story" [trad. "Conta-me a velha história"], 1866.

O poder inerente da própria história, pela bênção de Deus, produziu a fé nos corações de seus ouvintes, e eles foram imediatamente purificados por essa fé. Se eu falasse de Jesus Cristo e sua morte incomparável esta manhã, e alguns de vocês que estão ouvindo a história confiassem nele, vocês seriam purificados assim como aqueles crentes de Cesareia. A fé deles veio pelo ouvir (Romanos 10:17), assim como a de vocês viria, e eles ouviram o mesmo evangelho da graça de Deus que eu pregaria a vocês. Por meio de tal fé, os corações são purificados.

A fé deles os purificou diretamente. Eles não foram purificados por mês após mês de contemplação. A fé purificou seus corações imediatamente, pois, para espanto dos crentes circuncidados que assistiam, o Espírito Santo desceu sobre eles ali mesmo (Atos 10:44) — a evidência do céu de que a fé deles os tornara aptos para a habitação do Espírito Santo.

Que energia incomparável é esta que purifica corações manchados pelo pecado original e contaminados por transgressões reais, e os purifica de uma vez! O poder sagrado que não requer nem mesmo um único dia para suas operações maravilhosas, mas atinge seu propósito em um instante, é digno de nossa mais alta admiração. Como é rápida a obra! O ouvido que ouve, o coração que crê, o coração que é purificado — esses três se seguem em rápida sucessão, sem longas pausas de convicção terrível ou dúvida sombria.

Atrasos ocorrem em alguns casos, mas não são necessários à obra, nem são do Senhor. Aqui, as operações de misericórdia se sucederam: o ouvir, o crer, o purificar, o dom do Espírito, o reconhecimento público do mesmo pelo batismo no nome sagrado, ocorreram em rápida sucessão, e aqui se vê o maravilhoso poder da fé, pela qual a alma é purificada imediatamente.

O agente da purificação foi a fé sozinha, e fica claro pela narrativa que o batismo nas águas não auxiliou nisso. Aqueles que lidam apenas com suposições, pois certamente não podem ter fatos para sustentar sua teoria, supõem que há algo purificador no batismo. Não dizem eles que por meio dele eles são feitos membros de Cristo (1Coríntios 12:27), filhos de Deus (João 1:12) e herdeiros do reino dos céus (Tiago 2:5)? Ora, nenhum bebê jamais deu qualquer evidência de que tal coisa tenha acontecido; como poderia? A criaturinha está inconsciente no momento e, à medida que cresce, não demonstra nenhuma superioridade em relação a outros que não passaram pela "regeneração aquosa".

Vemos nossos filhos e filhas não batizados convertidos pela graça em proporção tão grande quanto "aqueles pequenos membros de Cristo e herdeiros do reino dos céus". Esses "filhos de Deus pela aspersão[4]" demonstram evidentemente que precisam ser convertidos, pois crescem para se tornarem herdeiros da ira (Efésios 2:3), assim como os outros. A regeneração parece ser apenas superficial, a julgar pelo caráter de noventa e nove em cada cem daqueles que são assim regenerados.

Mas, nesse caso, não havia como confundir o significado do batismo, pois Cornélio e sua família só foram batizados depois de receberem o Espírito Santo, e o Espírito Santo era o sinal de que seus corações já estavam purificados. Agora, meus irmãos e irmãs, o Senhor não nos permitirá misturar nem mesmo suas próprias ordenanças com a obra de seu bendito Espírito na purificação do coração somente por meio da fé, e Deus nos livre de cairmos em tal erro. Não. A purificação da alma é por meio da fé, não por meio do batismo: não é por meio de nenhum rito exterior, nem mesmo ordenado por Deus — nem pela

[4] Aspersão é um modo de administração do batismo cristão em que a água é aspergida (salpicada) sobre a cabeça da pessoa, geralmente uma criança. Essa prática é comum em igrejas como a Católica Romana, Anglicana, Luterana e Presbiteriana.

vontade humana, nem pelo sangue, nem pelo nascimento, mas pela obra do Espírito Santo, por meio da fé, e somente dela.

Se, no entanto, ocorrer a algum irmão ou irmã que, porventura, o caso de Cornélio possa ter sido algo especial por ter sido alguém devoto e doador de esmolas antes mesmo de conhecer o evangelho (Atos 10:1-4), respondo que Pedro, em sua narrativa e argumentação, não disse uma palavra sobre esse ponto, mas apresentou o caso do centurião simplesmente como o de uma pessoa incircuncisa que creu e foi purificada de coração.

Parece-me bastante claro que, se Cornélio, em vez de ter sido um devoto, tivesse sido chamado por Deus em meio à mais extrema libertinagem, teria sido purificado de coração exatamente da mesma maneira. Se não, Pedro foi injusto ao citar como exemplo típico o que teria sido uma exceção palpável à regra; mas ele fala do centurião e de sua família como sendo exemplos do que Deus estava fazendo pelos crentes gentios, de modo que não viu nada de excepcional neles. Viu, na verdade, nada além de que eram crentes, e estavam purificados de coração por meio da fé. O fato é que o instrumento pelo qual os corações são verdadeiramente purificados é a fé que vem pelo ouvir do evangelho (Romanos 10:17), e isso é tudo; e por isso, eu digo a vocês sobre este ponto — mesmo a vocês que ainda não conhecem o Senhor: não busquem corações puros dentro de vocês mesmos antes de virem a Cristo por meio da fé. Não busquem os frutos antes de terem as raízes, mas busquem por meio da fé o grande purificador, por mais impuro que sintam seu coração.

Há uma bênção para os puros de coração (Mateus 5:8), mas vocês não podem reivindicá-la no momento, e, portanto, que seja de vocês crer como pecadores em quem não há bem algum. Embora lamentem a profunda depravação da sua natureza, não se esforcem em vão para alterá-la antes de crerem, mas, pecadores como vocês são, condenados pelo veredito da sua consciência, creiam no Senhor Jesus Cristo para que sejam completamente renovados.

Peço-lhes que busquem a pureza de coração somente por meio da fé, pois vocês ficarão decepcionados se a buscarem de qualquer outra forma. Não pensem que qualquer outra coisa pode resolver esse assunto, pois não pode; nenhuma lavagem e purificação podem tornar o etíope branco (Jeremias 13:23), apenas o poder divino do Redentor pode fazer isso. Leiam suas Bíblias, sim; orem, sim; e ouçam sermões, sim; mas nenhuma dessas coisas pode mudar a impureza radical de sua natureza interior. A fé deve contemplar o Cordeiro ensanguentado (Apocalipse 5:6), e conhecer o poder da água e do sangue que fluíram de seu lado perfurado (João 19:34), e, até que isso aconteça, a alma deve permanecer na impureza da queda.

Todos os esforços da natureza incrédula apenas nos mergulham mais fundo na lama, e aumentam nossa contaminação. A fé é aquele ramo de hissopo que, mergulhado no sangue de Jesus, purifica o coração do pecado (Êxodo 12:22), e nada mais fará isso. Olhe, então, pobre alma, para longe de si mesma, para que possa se renovar. Olhe para o seu eu escuro, desordenado e repugnante, e lamente; mas não busque cura ali, pois seria como buscar riquezas em meio à falência, e morte em meio à vida; buscar o inferno no céu e Deus entre os demônios. Olhe para Jesus, a quem Deus estabeleceu para salvar o seu povo dos seus pecados (Mateus 1:21), e ao olhar para Ele, a fé purificará a sua alma.

II

Como a fé é forte o suficiente para fazer isso? Qual é *o segredo do seu poder?*

Crer em outras coisas não purifica a alma; por que crer no evangelho purificaria? Confiar é um ato muito simples; como pode ser que confiar em Cristo se torna o meio de purificação do coração? Eu respondo: porque Deus opera por meio disso. Vamos ler nosso texto com o versículo anterior. "E Deus, que conhece os corações, lhes deu testemunho, concedendo o Espírito Santo a eles, como também o havia concedido a nós. E não estabeleceu distinção alguma entre nós e eles, purificando-lhes o coração por meio da fé."

Quem era que estava purificando os seus corações? A resposta é clara: era o Deus onisciente! Ah, irmãos e irmãs, vocês não devem olhar apenas para o instrumento que o Senhor usa, mas devem considerar o seu próprio poder, que Ele manifesta em conexão com ele. A fé por si só não seria nada, mas quando Deus opera por meio da fé, maravilhas são realizadas.

Vocês conhecem a antiga história da espada de Skanderbeg[5], com a qual ele costumava dividir homens em dois, do topo da cabeça a baixo. Ao olhá-la, alguém declarou não ver nada na espada que a tornasse uma arma tão fatal, mas outra pessoa respondeu: "Você deveria ter visto o braço que costumava empunhá-la". Ora, a fé, vista por si só, parece desprezível, mas, oh, vejam o braço que a empunha! Quem resistirá a esse braço eterno? Jacó pode ser apenas um verme, mas Deus pode esmagar os montes com ele (Isaías 41:14,15).

[5] Gjergj Kastrioti Skënderbeu (1405–1468) é o herói nacional da Albânia. Ele foi um líder militar que resistiu com sucesso ao avanço do Império Otomano nos Bálcãs durante 25 anos. A espada atribuída a ele é famosa por seu tamanho e peso, refletindo sua força lendária. Diz-se que ele a manejava com facilidade, apesar de pesar cerca de 3,5 kg e ter uma lâmina larga e curva. A espada tornou-se um símbolo de resistência, bravura e identidade nacional para os albaneses. Durante séculos, ela esteve desaparecida, mas reapareceu e hoje está exposta no Museu de Armas do Palácio dos Doges, em Viena, Áustria, junto com seu capacete, que leva o emblema da cabeça de cabra – símbolo pessoal de Skanderbeg.

A fé pode ser apenas uma vassoura pobre, mas quando Jesus vem para purificar o templo do coração (João 2:14,15), Ele varre toda a imundície acumulada por meio desse instrumento frágil. Esse, maior que Hércules, pouco se importa com a fraqueza do instrumento, mas eis que Ele purifica o estábulo de Áugias[6] de nossa natureza sem outra ação além da fé como de uma criança. Deus opera por meio da fé, e assim a fé realiza maravilhas.

Ah, amado ou amada, se você crê no Senhor Jesus Cristo, seus pecados inatos têm outro combatente para enfrentá-los além de você. O próprio Deus está com você como seu Capitão (Josué 5:14), e Ele usará sua fé para ser a trombeta de chifre de carneiro que derrubará os muros de Jericó (Josué 6:1-20), ou para ser como os cântaros e as trombetas, por meio dos quais as miríades midianitas foram derrubadas (Juízes 7:19,20). Suas iniquidades se curvarão diante de sua graça. Somente confie, e sua pobre confiança infantil será, nas mãos de Deus, o chicote sagrado de pequenas cordas que libertará sua alma de todos os ladrões que agora fazem dela seu covil (João 2:15).

Além disso, o texto sugere que Deus está operando no coração por meio de seu Espírito Santo. Ora, onde o Espírito Santo vem, Ele queima como um fogo celestial (Mateus 3:11) e consome o pecado. Ele vem também como uma correnteza que limpa o mal (João 7:38,39),

---

[6] Hércules (ou Héracles, na mitologia grega) é um herói mitológico famoso por sua força sobre-humana e por realizar os Doze Trabalhos, tarefas quase impossíveis impostas a ele como penitência divina por assassinar a família, em um acesso de loucura provocado pela deusa Hera, sua inimiga. Um desses trabalhos foi limpar os estábulos de Áugias, rei de Élida, que possuía três mil bois e que não eram limpos havia 30 anos, e exalavam um gás mortal. Para cumprir a tarefa, Hércules desviou o curso dos rios Alfeu e Peneu, fazendo com que a água passasse pelos estábulos e os limpasse em apenas um dia. Esse trabalho se tornou um símbolo de limpeza de algo impossível, frequentemente usado em comparações morais ou espirituais.

e como um vento impetuoso (Atos 2:2) para afastar tudo o que é imundo e poluído, que se acumulou no ar estagnado da alma. O Espírito Santo é o espírito da santidade (Romanos 1:4), e como Ele sempre habita com a fé — sendo seu autor, seu fortalecedor e guardião —, você pode ter certeza de que onde a fé chega, o coração será rapidamente purificado.

O fato é, irmãos e irmãs, que a fé vê o pecado, o detesta e se lança nos braços eternos para ser libertada dele. A fé sente o pecado como uma enorme montanha pressionando seu peito e esmagando seu coração, e a fé clama: "Deus Eterno, tu prometeste livrar o teu povo dos seus pecados. Eis que invoco o teu poder e evoco a tua promessa; lanço-me sobre o teu poder para tirar este fardo do meu peito, a fim de deixar-me respirar livremente, como se estivesse livre do seu terrível peso."

Tudo vai bem quando tal súplica é feita com fé. Quando você traz Deus para a sua batalha, ela termina. Quando você se apega à força divina, Golias cai, mesmo que sua arma seja apenas uma funda e uma pedra (1Samuel 17:45-50). Aqui está o poder da fé: ela usa a promessa do seu Deus como seu cinturão de força. Ela se agarra à onipotência daquele que faz o céu e a terra ficarem firmes. Bem pode ela realizar milagres, pois Deus está à sua disposição. Vejam, então, onde reside o poder da fé, por meio do qual ela opera a purificação da alma: é Deus quem opera por meio dela.

Mas você diz: "Como Deus purifica o coração? Ele não pode fazê-lo pela força física." Não. Quem pensou que Ele poderia? Mas Ele o faz pela sabedoria dele, que nunca foi frustrada até agora, trazendo à mente humana argumentos que se adequam ao caso, revelando verdades que convencem o entendimento, e instigando a consciência com fatos que lhe dão seu veredito. Se a sabedoria humana conquista a mente das pessoas, o que fará a sabedoria infalível?

Junto à sabedoria onipotente, está o elemento mais importante: o amor irresistível. Vocês acham que não há poder em lugar nenhum além daquele que pode ser medido em quilos e calculado da mesma forma que mensuramos a força do vapor na locomotiva? Ah, senhores e senhoras, no impulso da persuasão, na força da convicção, no apelo do amor, existem poderes que nunca violam a vontade humana, mas ainda assim a governam com supremacia sagrada.

O que é mais forte do que o poder do amor — o amor que faz com que os mais obstinados finalmente cedam, o amor que compele os mais maldosos a amar apesar de si mesmos, o amor que surpreende os seres humanos, levando-os ao arrependimento e à gratidão, antes mesmo que eles se deem conta disso? Deus ama os seres humanos até que eles sintam necessidade de amá-lo; Deus os ama com tal onipotência que, por fim, eles depõem suas armas de rebelião, e se submetem com alegria. Nada vence como o amor.

Ora, é porque a fé confia nessa sabedoria e nesse amor, e estes vêm ajudá-la em sua guerra contra o pecado, que as lascívias desenfreadas e as paixões rebeldes do coração são subjugadas, e a graça reina pela justiça para a vida eterna (Romanos 5:21).

Portanto, digo, ao encerrar este ponto: irmãos e irmãs, lembrem-se humildemente e esperançosamente de que a batalha, afinal, não é de vocês: o Senhor assumiu o conflito, e alcançará a vitória (2Crônicas 20:15). A conquista do pecado deve ser obtida pelo Todo-Poderoso: vocês devem lutar e contender, mas Deus em vocês é o vencedor da contenda. Uma vez que Deus está com vocês, nada é impossível — não há fraqueza em sua constituição que vocês não possam remediar, não há paixão forte que vocês não possam controlar, não há desejo interior, por mais feroz, que vocês não possam finalmente destruir. Tenham coragem. Altos graus de santidade lhes são possíveis agora que Deus está com vocês. Não se desesperem por nada; não duvidem, pois em todas as coisas vocês serão mais que vencedores, por meio daquele que os amou (Romanos 8:37). Deixem apenas que sua fé se lance continuamente sobre a onipotência de Deus, e vocês verão que Ele purificará seus corações.

III

Em terceiro lugar, consideremos que *a sede da ação da fé* é primariamente o coração — "Purificando-lhes o coração".

Não falarei sobre este tópico mais do que para esboçar o que eu teria dito se tivesse sido capaz de proferir minhas palavras com maior rapidez. As enfermidades da voz são um triste obstáculo para os ministros: orem para que sejam removidas, pois, pelo menos no meu caso, o cérebro fica lento quando a fala é prejudicada.

A fé muda o curso do nosso amor, e altera o motivo que nos move: é isso que significa purificar o coração. Ela nos faz amar o que é bom e correto, e nos move com motivos livres do egoísmo e do pecado — esta é, de fato, uma grande obra. Portanto, a mudança que a fé produz é muito radical e profunda. É uma questão pequena lavar o exterior do copo e do prato; o interior do copo deve ser o primeiro e principal cuidado (Mateus 23:25,26). Se o coração for transformado, a conversão é inteira e completa — não um mero acontecimento superficial, mas uma renovação completa em todas as minúcias. "Rasguem o coração e não as roupas" (Joel 2:13), foi o mandamento de Deus ao seu povo, e a fé atua nesse espírito. Ela não começa com as roupas, nem estabelece regras para as ações externas, mas começa com o interior do ser humano. A fé põe o machado na raiz, cura o riacho na nascente, e o que é feito é, portanto, feito de forma completa, eficaz e honesta.

Mas, sendo o coração purificado, a purificação torna-se operante por toda a vida. Um coração doente implica alguém enfermo por completo. Não há como o coração estar corrompido sem que, em certa medida, todos os órgãos estejam afetados — toda a vida fica desordenada. Tampouco é possível ter o coração correto sem que Ele se manifeste sobre toda a natureza, e influencie para melhor tudo o que está dentro de vocês, e tudo o que procede de vocês — seja pensamento, palavra e ação. Não há nada como começar pelo coração, de onde procedem as fontes da vida (Provérbios 4:23). Todo o resto é mero remendo malfeito; mas ter o coração renovado é ser verdadeiramente renovado. Portanto, tal mudança é permanente.

Se vocês apenas reprimem os apetites que ainda permanecem, o cão voltará ao seu vômito; se purificam apenas o exterior e deixam a natureza intocada, a porca lavada voltará a revolver-se no lamaçal (2Pedro 2:22). Transformem o cão em ovelha, o porco em criança, e vocês não verão os velhos hábitos retornarem. Mas sem isso, toda a bondade humana é como uma flor murcha. Tal purificação é aceitável a Deus, que sonda o coração. O ser humano julga pela aparência exterior, mas Deus olha para o coração (1Samuel 16:7); e assim, a fé, ao purificar o coração, produz uma purificação que agrada a Deus.

A essência disso, irmãos e irmãs, é que não comecem a buscar a purificação de seus corações e depois busquem a fé em Cristo como algo secundário. Não. Que tudo seja feito em ordem. As emoções são boas se forem boas, mas não são a fonte da pureza nem antecedem a fé. A fé é a mãe das emoções corretas. Nunca confundam a mãe com os filhos. Se vocês desejam que as pessoas sejam purificadas, busquem, pela bênção de Deus, produzir fé nelas.

A pregação que apenas incita os sentimentos é de pouco valor. Ouvimos muito sobre multidões que choram, mas preferimos ver um indivíduo que creia. Consideramos muito melhor levar alguém a crer com o coração do que chorar com os olhos; e, portanto, meu objetivo é pregar Cristo crucificado (1Coríntios 1:23), de modo a gerar fé, e não pintar quadros patéticos de leitos de morte e mães agonizantes, coisas que mexem com as emoções, mas têm pouca tendência a levar à fé.

Se, antes de tudo, crermos que Jesus é o Cristo e descansarmos nele, as emoções serão devidamente corrigidas no devido tempo; o coração será transformado onde a fé assumir o controle. Mas se vocês têm uma fé que nunca toca seus corações, uma fé que nunca os faz alegrar-se ou lamentar-se, uma fé que não os faz odiar o pecado nem amar o Senhor Jesus, eu lhes exorto a sacudir sua fé como Paulo sacudiu a víbora de sua mão (Atos 28:5), pois é uma fé mortal; e se, em vez disso, vocês sentirem um coração aflito, e um profundo sentimento de alienação de Deus, a mudança lhes parecerá terrível, mas será propícia ao seu bem maior.

Somente a fé viva que opera no coração e influencia os desejos e os afetos pode ser a fé dos eleitos de Deus. Uma fé como o luar, que tem luz, mas não calor, é coisa da noite, e não é a fé dos filhos do dia. A fé que vive no sótão frio do cérebro e nunca desce à sala de estar e de banquetes do coração morrerá de frio, e não é a vida que o Espírito Santo opera no ser humano. Julguem o que eu digo, mas se se esquecerem de tudo, lembrem-se ainda de que a fé vem em primeiro lugar, e então a purificação do coração segue como consequência. Nunca coloquem a carroça na frente dos bois, nem o efeito na frente da causa; não esperem o fruto da santidade sem a raiz da fé, nem tentem aumentar a pureza, que é um resultado, sem primeiro fortalecer a fé que a origina.

IV

Por fim, consideremos *o modo de operação da fé*: como a fé opera para purificar o coração?

Observem, caros amigos e amigas, primeiro, que a fé crê no pecado como pecado, e vê o horror dele como uma ofensa contra um Deus santo e cheio de graça, em quem a fé crê devotamente. A fé crê no inferno, e vê a "fumaça de seus tormentos que sobe para todo o sempre" (Apocalipse 14:11). A fé crê no "verme que não morre, e o fogo que nunca se apaga" (Marcos 9:44). A fé, "a prova das coisas que não vemos" (Hebreus 11:1), coloca diante da alma, em temível formação, a pompa daquele dia tremendo em que Cristo virá com as nuvens (Apocalipse 1:7), para que a alma veja o pecado como algo extremamente terrível e condenável, e se volte para Deus em busca de livramento: este é um elemento na purificação da alma.

Em seguida, a fé tem prazer em colocar Cristo diante do coração, e fazê-lo contemplar suas feridas sangrentas (Isaías 53:5), seu lado perfurado (João 19:34) e seu rosto desfigurado (Isaías 52:14). A fé não o transforma em sonho, mas em realidade; ela faz com que os ouvidos da alma ouçam os gemidos dele, e escutem seu "lamá sabachthâni" (Marcos 15:34). A alma percebe que, quando o pecado foi colocado sobre Cristo, ele o feriu gravemente e o esmagou, e, portanto, o coração odeia o pecado que matou seu melhor amigo; e aqui está outro elemento que atua em prol de sua purificação.

A fé tem muito prazer na pessoa de Cristo e, portanto, apresenta à alma sua incomparável beleza, como o Bem-Amado dos santos. Para a fé, Cristo não é um personagem histórico que percorreu as páginas da história, assim como um transeunte se move diante de uma câmera enquanto um fotógrafo tira uma foto da rua, deixando um tênue rastro de sua passagem pela cena ao mesmo tempo em que a imagem estava sendo capturada. A fé aprendeu a ver Cristo se destacar como a pessoa mais real que já viveu, o fato principal de todos os tempos, o foco da verdade.

A fé toca, pega, abraça e se alimenta de Cristo. Ela tem sido tão íntima dele a ponto de ter sido beijada pelos beijos de seus lábios, e ter sido preenchida com seu amor, que é melhor do que o vinho (Cântico dos Cânticos 1:2), e, portanto, sente seu poder constrangedor, e o segue. A fé é a amiga íntima de Cristo: a fé é como João, que se reclinava no seu peito (João 13:23), e ali desfrutava de seu amor e derramava o seu próprio amor. A fé, ao revelar o amor e a beleza de Cristo à alma, acende no coração uma chama veemente de amor por Ele, e esse fogo de amor torna-se um poderoso elemento de purificação, pois vocês não podem amar a Cristo e amar o pecado; não podem sentir gratidão pelo livramento do mal, e então ir e mergulhar nele novamente.

Além disso, a fé tem uma habilidade maravilhosa de realizar seus privilégios cheios de graça. A fé diz ao ser humano: "Você não sabe que é um eleito de Deus? O Pai eterno escreveu seu nome no Livro da Vida antes mesmo de acender os luzeiros do céu (Apocalipse 17:8). Como, então, você deve viver? Você foi remido: o sangue de Cristo está sobre você; você não pertence a si mesmo, mas foi comprado por alto preço — que vida santa você dever viver! (1Coríntios 6:19,20)

Você é precioso ao coração de Deus; você é a Hefzibá[7] dele — o prazer dele está em você (Isaías 62:4). Você é filho de Deus; já não é mais servo, mas filho (Gálatas 4:6,7). Você é a noiva de Cristo (Efésios 5:25-32); sim, parte de seu corpo místico (1Coríntios 12:27), um com Ele (João 15:5) — como, então, você deve se comportar?" Irmãos, irmãs, vocês já experimentaram alguma dessas bênçãos sem sentir que tais privilégios purificam a alma? Não pareceu que cada um deles lhes dissesse: "Que tipo de pessoas vocês devem ser, vivendo de maneira

[7] Do hebraico bíblico, "Meu prazer é ela", ou "Minha Delícia".

santa e piedosa, visto que são participantes de misericórdias como estas?" (2Pedro 3:11)

A fé tem ainda um poder maravilhoso de agir segundo o "princípio telescópico" — trazendo para perto de nós as coisas que estão por vir. Ela não nos abriu os portões de pérola e fez as ruas de ouro brilharem diante de nossos olhos? (Apocalipse 21:21) Como apareceram perto do olhar perspicaz da fé, ó bendita Jerusalém, seus esplendores celestiais! (Apocalipse 21:2)

Em tais ocasiões, longe de pensar que nos entregaríamos ao pecado por sentirmos nosso céu seguro, gememos por mais pureza, e começamos a tirar os sapatos dos pés, pois sentimos que até mesmo as antecâmaras do céu, onde então estávamos, eram solo sagrado (Êxodo 3:5). Transportados pela visão da fé, começamos a vestir as roupas brancas como a neve dos imaculados (Apocalipse 19:8). Tendo essa esperança em nós, nos purificamos, "assim como Ele é puro" (1João 3:3).

Ó vocês que são irmãos dos espíritos perfeitos, coerdeiros com os glorificados da coroa da vida que não perece (1Pedro 5:4), tendo os anjos por seus servidores (Hebreus 1:14), e o próprio Cristo por seu irmão mais velho (Romanos 8:29) — qual deve ser nossa maneira de viver e conduta! Sentimos que nunca estaremos perfeitamente satisfeitos até que sejamos perfeitamente santos, inculpáveis e irrepreensíveis aos olhos dele (Colossenses 1:22). O que poderia purificar o coração de forma mais eficaz do que a visão do céu que a fé nos apresenta? (2Coríntios 5:7)

Permitam-me agora agrupar uma série de questões, para mostrar a vocês que a fé não nos dá apenas motivos, mas que ela realmente nos concede poder. Vou lhes dizer como a fé faz isso, pois a experimentei na luta contra o pecado. O poder é obtido por meio da fé, por meio da súplica às promessas de Deus. Vocês já sentiram que não conseguiam dominar um pecado e, então, se ajoelharam e clamaram: "Senhor, tu disseste: 'O pecado não terá domínio sobre vocês, pois vocês não estão debaixo da lei, e sim da graça' (Romanos 6:14). Senhor, salva-me da tirania do pecado, a qual ele agora busca exercer sobre mim." Vocês já suplicaram com base naquela outra promessa: "Voltarei a minha mão contra você, purificando da sua escória e tirando de você todo metal impuro" (Isaías 1:25).

Vocês já clamaram: "Senhor, não te deixarei ir até que tires as minhas amarras e me livre das iniquidades que prevalecem contra mim?" Então, tenho certeza de que vocês obtiveram ajuda de Deus. Assim, a fé, ao suplicar com base na própria de Deus, ganha poder para dominar o pecado. Experimentem a sagacidade sagrada dela. Creiam sem sombra de dúvida naquele que prometeu fielmente (Hebreus 10:23), e exijam que Ele cumpra sua palavra, uma palavra da qual Ele nunca se esquivou e nunca se esquivará, pois Ele não é homem para que minta, nem filho do homem para que se arrependa (Números 23:19).

A fé ousadamente agarra-se ao poder do próprio Deus. Com base na promessa, ela agarra a mão divina; ela tem a sagrada impudência, a consagrada impertinência, para se aproximar do trono e se apegar a Deus, pois o ouviu dizer: "Que se agarre à minha força" (Isaías 27:5). E oh, amados e amadas, como ela fere os filisteus,então! Como ela abate a iniquidade quando Deus, o irresistível matador do pecado (Miqueias 7:19), vem em seu auxílio. Ela o constrange a vir, agarra-se a Ele, e então derrota todos os seus adversários.

A fé nos traz verdadeiro poder para vencer o pecado aplicando o sangue de Cristo. Ela não fala apenas da expiação, mas tem prazer nela como se fosse sua, e a transforma em remédio para a cura de hábitos pecaminosos. O sangue de Jesus é a vida da fé e a morte do pecado. Todos os santos vencem pelo sangue do Cordeiro. Nós o aspergimos diante de nós, e reis de exércitos fogem em disparada.

A expiação pelo sangue (1João 1:7), a substituição verdadeira feita pelo nosso Senhor (1Pedro 3:18), a fiança de dor (Hebreus 7:22), a justiça triunfante (Romanos 5:17) e a glorificação do Senhor Jesus que nos representa (Efésios 2:6) são todas grandes purificadoras da alma — espadas afiadas para ferir o pecado. Descansem felizes naquele que morreu por vocês e ressuscitou (Romanos 8:34), e vocês serão fortes para a prática da virtude: o pecado perderá todo o poder sobre vocês (Romanos 6:14). O sangue de Jesus é a principal — e, de fato, a única — fonte de purificação (1João 1:7); é a fonte suprema de santidade, a preparação para o céu (Apocalipse 7:14). A fé nos dá poder, pois ela nos mergulha no sangue expiatório que é a nossa vida (Efésios 2:8).

A própria fé também confere poder contra o pecado, misturando-se com todas as ordenanças do evangelho. Lemos sobre alguns que "a palavra da pregação não lhes trouxe proveito, porque não fora misturada com a fé naqueles que a ouviram" (Hebreus 4:2). A fé é um ingrediente necessário a ser misturado aos meios da graça e ordenanças para dar-lhes valor e eficácia. Com ouvir sermões, participar de comunhões, orar em particular, estudar a Bíblia — misture a fé. "À vontade" (Esdras 7:22), misture a fé; e quanto mais, melhor! A fé capacitará você a extrair o sustento e a essência das ordenanças do evangelho e, assim, irá torná-lo cheio de vigor na luta contra o pecado.

Por fim, a fé desperta o novo ser para uma intensa resistência ao pecado. A fé, como uma trombeta, desperta a nova natureza sem pecado para a batalha e a conduz para o centro da luta. Eu os assustei quando disse "nova natureza sem pecado"? Eu disse isso de forma deliberada, pois ela não pode pecar porque é nascida de Deus (1João 3:9). Há dentro do ser humano regenerado um princípio de nascimento divino, uma semente incorruptível que permanecerá e habitará na alma renovada para todo o sempre (1Pedro 1:23).

Essa semente, ou princípio, é estimulada pela fé ao crescimento e à energia. A fé desperta o amor, incita a coragem, amarra a paciência com o cinto e calça a perseverança com as sandálias (Efésios 6:13-15), provoca o zelo e incita o ciúme, desperta o desejo pela santidade e vivifica a diligência da devoção (Romanos 12:11); e assim mantém os poderes do mal sob controle e purifica o coração. Este é um breve esboço de como a fé purifica, dia após dia, a alma humana.

Terei terminado depois de ter dito isso: observem, então, a simplicidade e a energia da sua fé. Amados, e amadas "assim como vocês receberam Cristo Jesus, o Senhor, continuem a viver nele" (Colossenses 2:6). Assim como vocês creem nele para a justificação, creiam nele para a santificação. Se alguém lhes disser que vocês receberão justificação de uma maneira e santificação de outra, não creiam. Jesus Cristo foi feito por Deus para nós santificação e redenção (1Coríntios 1:30).

Os fariseus praticamente nos ensinam que devemos ser santificados pela lei, embora justificados por meio da fé; mas temos uma compreensão melhor. Essas são bênçãos gêmeas da aliança (Hebreus 8:10-12), e não devem ser obtidas separadamente. Creia em Cristo para vencer o pecado, bem como para perdoar o pecado (Mateus 1:21). Creia que o único poder que pode subjugar uma paixão vil em você é o poder que o lavou da sua iniquidade do passado. Confie em Cristo para desfazer o poder do pecado, bem como a culpa do pecado.

Você não precisa passar por uma série de rituais para ser purificado de coração. Você não precisa buscar uma vida mais elevada do que a que Jesus lhe deu quando você olhou e viveu (João 3:14-15): não há vida mais elevada, pois Ele lhe deu a dele (Gálatas 2:20). O que mais você precisa do que o Espírito Santo que vivifica você (Romanos 8:11) — o que é mais elevado do que isso? O que mais você pode ter do que a fé lhe trouxe e lhe trará? Jesus se entregou por completo a você.

Você creu em meio Cristo no princípio? Você recebeu dele uma vida menor e inferior?

Oh, que vergonha pensar assim! Você confiou sua alma inteiramente a Ele, não é mesmo? E Ele não entregou todo o ser dele a você? Você quer dizer que confiou nele para salvar você do inferno, e não do pecado? Você confiou nele para apagar seu passado, e foi tolo o bastante para confiar em si mesmo para guardar o futuro? Se sim, você não creu nele de forma alguma — sua fé foi falha em sua essência, pois Cristo deve ser tudo ou nada. E se até agora você foi tão tolo a ponto de ter um Salvador pela metade, e se mesmo agora você busca algo que não está contido nele, não continue a ser tolo. Volte ao princípio e diga: "Bendito Salvador, assim como eu sou, venho a ti. Eis que te considero absolutamente tudo para mim para obter sabedoria, justiça, santificação e redenção." (1Coríntios 1:30) Fazendo isso, você encontrará tudo em Jesus, e por meio da fé seu coração será purificado.

Eu pretendia fazer um apelo aos pecadores, mas minha voz se recusa a ser posta à prova por mais tempo, e por isso paro aqui com o desejo sincero de que todo o assunto possa interessar aos que buscam ao Senhor, e encorajá-los a continuar.

Deus salve vocês! Amém!

SERMÃO PROFERIDO EM 1877

9

A DINÂMICA DA FÉ EM AÇÃO

Sem fé é impossível agradar a Deus.

HEBREUS 11:6

O CATECISMO da Antiga Assembleia[1] pergunta: "Qual é o propósito principal do ser humano?", e sua resposta é: "Glorificar a Deus, e desfrutar dele para sempre". A resposta é extremamente correta, mas poderia ter sido igualmente verdadeira se tivesse sido mais curta. O propósito principal do ser humano é "agradar a Deus", pois, ao fazê-lo — não precisamos nem dizer, pois é um fato inquestionável — ele também agrada a si mesmo.

O propósito principal do ser humano, cremos nós, nesta vida e na próxima, é agradar a Deus, seu Criador. Se alguém agrada a Deus, ele

---

[1] O Catecismo da Antiga Assembleia refere-se ao Catecismo da Assembleia de Westminster, elaborado na década de 1640 por um grupo de teólogos reunidos na Inglaterra. Essa Assembleia foi convocada pelo Parlamento Inglês durante a Guerra Civil Inglesa (1643–1653) com o objetivo de reformar a Igreja da Inglaterra segundo os princípios dos movimentos da Reforma (calvinista). O Catecismo foi adotado por muitas igrejas reformadas, e continua sendo amplamente utilizado.

faz aquilo que mais contribui para o seu próprio bem-estar material e eterno. O ser humano não pode agradar a Deus sem atrair para si uma grande dose de felicidade, pois, se alguém agrada a Deus, é porque Ele o aceita como filho, lhe concede as bênçãos da adoção (João 1:12), derrama sobre ele as dádivas de sua graça, o torna uma pessoa abençoada nesta vida, e lhe assegura uma coroa de vida eterna, que ele usará e que brilhará com resplendor infindável (Tiago 1:12), quando todas as coroas de glória terrena tiverem se desvanecido.

Enquanto isso, por outro lado, se alguém não agrada a Deus, inevitavelmente traz sobre si tristeza e sofrimento nesta vida. Coloca um verme e uma podridão no cerne de todas as suas alegrias; enche seu travesseiro de morte com espinhos, e fornece ao fogo eterno feixes de chamas que o consumirão para sempre (Mateus 25:41). Aquele que agrada a Deus está, pela graça divina, caminhando em direção à recompensa final de todos aqueles que amam e temem a Deus (Hebreus 11:6); mas aquele que desagrada a Deus — como a Escritura declara — deve ser banido de sua presença (Tessalonicenses 1:9) e, consequentemente, do gozo da felicidade.

Se, então, estivermos certos em dizer que agradar a Deus é ser feliz, a questão importante é: como posso agradar a Deus? E há algo muito solene na declaração do nosso texto: "Sem fé é impossível agradar a Deus". Ou seja, façam o que fizer, esforcem-se o máximo que puderem, vivam tão excelentemente quanto desejarem, façam os sacrifícios que escolherem, alcancem o mais elevado padrão daquilo que é nobre e de boa fama; contudo, nenhuma dessas coisas pode ser agradável a Deus a menos que seja combinada com a fé. Como o Senhor disse aos hebreus: "Temperem com sal todas as suas ofertas de cereais." (Levítico 2:13). Então Ele nos diz: "Em todas as ações de vocês, deve haver fé, pois, 'sem fé é impossível agradar a Deus'".

Esta é uma lei antiga. É tão antiga quanto o primeiro ser humano. Assim que Caim e Abel nasceram neste mundo, e assim que atingiram a idade adulta, Deus proclamou na prática esta lei: "sem fé é impossível agradá-lo". Caim e Abel, em um dia ensolarado, ergueram um altar lado a lado. Caim buscou frutos das árvores e da abundância da terra, e os colocou sobre seu altar. Abel trouxe os primogênitos do rebanho, e os colocou sobre seu altar — era preciso decidir qual das ofertas Deus aceitaria.

Caim havia trazido o seu melhor, mas o trouxe sem fé. Abel trouxe seu sacrifício, mas o trouxe com fé em Cristo. Agora, então, qual teria maior aceitação? As ofertas eram de igual valor; em si mesmas, ambas eram boas. Sobre qual desceria o fogo celestial? Qual o Senhor Deus consumiria com o fogo do seu agrado?

Oh! Vejo a oferta de Abel queimando, e o semblante de Caim se abate, pois o Senhor se agradou de Abel e de sua oferta, mas de Caim e de sua oferta não se agradou (Gênesis 4:1-16). Assim será até que o último homem seja reunido no céu. Nunca haverá uma oferta aceitável que não tenha sido temperada com fé. Ela pode até ser boa, tão aparentemente boa em si mesma quanto aquela que tem fé; contudo, a menos que a fé esteja presente, Deus jamais conseguirá — e jamais irá — aceitá-la, pois Ele declara aqui: "Sem fé é impossível agradar a Deus".

Vou me esforçar para condensar ao máximo meus pensamentos esta manhã, e ser o mais breve possível, consistente com uma explicação completa do tema. Primeiro, farei uma exposição do que é fé. Em segundo lugar, apresentarei um argumento de que sem fé é impossível ser salvo. E em terceiro lugar, farei uma pergunta: você tem aquela fé que agrada a Deus? Teremos, então, uma exposição, um argumento e uma pergunta.

I

Primeiro, para a *exposição: o que é fé?*

Os antigos escritores — que são de longe os mais sensatos, pois você notará que os livros escritos há cerca de duzentos anos pelos antigos puritanos[2] contêm mais sabedoria em uma linha do que há em uma página de nossos novos livros, e mais em uma página do que em um volume inteiro de nossa teologia moderna — esses antigos mestres nos dizem que a fé é composta de três coisas: primeiro, o conhecimento (Romanos 10:17); depois, o assentimento (Tiago 2:19); e, por fim, o que eles chamam de confiança plena, ou o apego ao conhecimento ao qual damos assentimento, e o tornamos nosso ao confiar nele (João 1:12).

1. Comecemos, então, do começo. A primeira coisa na fé é o *conhecimento*. Uma pessoa não pode crer no que não sabe — isto é axiomático. Se eu nunca ouvi falar de algo em toda a minha vida, e não o conheço, não posso crer. E, no entanto, há algumas pessoas que têm uma fé como a de um lavandeiro[3], que, quando lhe perguntaram em que acreditava, respondeu: "Eu creio no que a igreja crê". "No que crê a igreja?". "A igreja crê no que eu creio". "Por favor, em que você e a igreja creem?" "Ora, nós dois cremos na mesma coisa."

---

[2] Os puritanos eram dissidentes ingleses nos séculos 16 e 17 que buscavam "purificar" a Igreja da Inglaterra do que consideravam práticas católicas romanas, sustentando que a Igreja da Inglaterra não havia sido totalmente reformada. Foi um conceito religioso-político. O puritanismo desempenhou um papel significativo na história inglesa e norte-americana inicial.

[3] Em tempos bíblicos, e até o século 19 em algumas localidades, o trabalho do lavandeiro envolvia a limpeza e o branqueamento de tecidos com os pés, principalmente lã, muitas vezes realizado em locais específicos amplos fora das cidades, como o "campo do Lavandeiro" (2Reis 18:17; Marcos 9:3).

Vejam, este homem não cria em nada, exceto que a igreja estava certa, mas em quê, ele não conseguia dizer. É inútil para alguém dizer: "Eu sou um crente", e ainda assim não saber no que crê. Mas, ainda assim, já vi algumas pessoas nessa situação. Um sermão impactante foi pregado, o que deixou os ouvintes muito agitados. O ministro gritava: "Creiam! Creiam! Creiam!", e as pessoas, de repente, colocaram na cabeça que eram crentes, e saíram de seus locais de culto dizendo: "Eu sou um crente". E se lhes perguntassem: "Por favor, em que vocês creem?", não conseguiriam dar uma razão para a esperança que havia neles (1Pedro 3:15).

Eles creem que pretendem ir à igrejinha no próximo domingo; pretendem juntar-se a essa classe de pessoas; pretendem ser muito fervorosos em seus cânticos e muito impressionantes em seus discursos; portanto, creem que serão salvos. Mas não conseguem dizer no que creem. Ora, não considero a fé de ninguém como fé segura, a menos que ele saiba no que crê. Se ele diz: "Eu creio", e não sabe no que crê, como isso pode ser fé verdadeira? O apóstolo disse: "Como, porém, invocarão aquele em quem não creram? E como crerão naquele de quem nada ouviram? E como ouvirão, se não há quem pregue? E como pregarão, se não forem enviados?" (Romanos 10:14,15)

É necessário, então, para a verdadeira fé, que a pessoa conheça algo da Bíblia. Acreditem em mim: esta é uma época em que a Bíblia não é tão estimada como antigamente. Há algumas centenas de anos, o mundo estava coberto de intolerância, crueldade e superstição. Sempre caímos em extremos, e acabamos de chegar ao outro extremo agora. Dizia-se então: "Uma fé é a correta; porém, todas as outras devem ser derrubadas pela tortura e pela espada". Agora se diz: "Por mais contraditórios que sejam nossos credos, todos eles estão corretos".

Se apenas usássemos o bom senso, saberíamos que não é assim. Mas alguns respondem: "Tal e tal doutrina não precisa ser pregada, e não precisa ser crida". Então, caro ou cara, se não precisa ser pregada, não precisa ser revelada. Então, o senhor impugna a sabedoria de Deus quando diz que uma doutrina é desnecessária; pois o que você faz é o mesmo que dizer que Deus revelou algo que não era necessário, e que seria tão insensato fazer mais do que o necessário quanto fazer menos do que o necessário.

Cremos que toda doutrina da Palavra de Deus deve ser estudada pelos seres humanos, e que sua fé deve apropriar-se de todo o conteúdo das Sagradas Escrituras, e mais especialmente de toda a parte das Escrituras que diz respeito à pessoa do nosso bendito Redentor. Deve haver algum grau de conhecimento antes que possa haver fé. "Vocês examinam as Escrituras", então, "porque julgam ter nelas a vida eterna, e são elas mesmas que testificam de [Cristo]" (João 5:39); e examinando e lendo, vem o conhecimento, e pelo conhecimento vem a fé, e pela fé vem a salvação.

2. Mas uma pessoa pode conhecer algo e ainda assim não ter fé. Eu posso conhecer algo e ainda assim não crer nisso. Portanto, o *assentimento* deve acompanhar a fé: isto é, com aquilo que conhecemos, também devemos concordar, como sendo a mais certa verdade de Deus. Ora, para ter fé, é necessário que eu não apenas leia as Escrituras e as compreenda, mas que eu as receba em minha alma como sendo a própria verdade do Deus vivo; e que receba devotamente, de todo o meu coração, toda a Escritura como sendo inspirada pelo Altíssimo, e toda a doutrina que Ele requer que eu creia para a minha salvação.

Não é permitido a vocês dividir as Escrituras pela metade, e crer no que quiserem. Não lhes é permitido crer nas Escrituras com indiferença, pois se fizerem isso voluntariamente, não terão a fé que olha somente para Cristo. A verdadeira fé dá seu pleno assentimento às Escrituras. Ela pega uma página e diz: "Não importa o que esteja nesta página, eu creio"; ela vira o capítulo seguinte e diz: "Há algumas coisas aqui difíceis de entender, que aqueles que não têm instrução e são instáveis deturparão, como também deturparão as demais Escrituras, para a própria destruição deles (2Pedro 3:16); mas, por mais difíceis que sejam, eu creio".

Ela vê a Trindade, mas não consegue compreender a Trindade em Unidade, mas crê nela. Vê um sacrifício expiatório; há algo difícil no pensamento, mas crê nele; e seja o que for que veja em revelação, ela devotamente coloca seus lábios no livro e diz: "Eu amo tudo isso; dou meu pleno, livre e sincero consentimento a cada palavra dele, seja a ameaça ou a promessa, o provérbio, o preceito ou a bênção. Creio que, uma vez que é tudo a Palavra de Deus, é tudo certamente verdadeiro." Todo aquele que deseja ser salvo deve conhecer as Escrituras, e deve dar pleno assentimento a elas.

3. Mas uma pessoa pode ter tudo isso e, ainda assim, não possuir a verdadeira fé; pois a parte principal da fé reside no último item, a saber, na *adesão à verdade*; não em meramente crer nela, mas em apoderar-se dela como sendo nossa, e em descansar nela para a salvação. "Recumbência na verdade" era a palavra que os antigos pregadores usavam.[4] Vocês entenderão essa palavra. Apoiar-se nela; dizer: "Esta é a verdade, confio minha salvação nela".

Ora, a verdadeira fé, em sua própria essência, repousa nisto: apoiar-se em Cristo. Não me salvará *saber* que Cristo é um Salvador, mas me salvará *confiar nele* como meu Salvador. Não serei liberto da ira vindoura (1Tessalonicenses 1:10) por crer que a sua expiação é suficiente, mas serei salvo por fazer dessa expiação minha confiança, meu refúgio

---

[4] De *recumbir*, i.e., estar encostado; recostar. No contexto puritano e na explicação de Spurgeon, "recumbência" ilustra a ideia de lançar todo o peso, toda a confiança e dependência em Jesus Cristo para a salvação. É um ato de entrega total, de descanso na obra consumada de Cristo, e não nas próprias obras ou méritos.

e meu tudo. O cerne, a essência da fé, reside nisto: lançar-se sobre a promessa. Não é a boia salva-vidas a bordo do navio que salva alguém quando ele está se afogando, nem é a crença dele de que algo seja uma invenção excelente e bem-sucedida. Não! Ele precisa tê-la amarrada à cintura, ou estar com a mão sobre ela, ou então afundará.

Para usar uma ilustração antiga e banal: suponha que haja um incêndio em um quarto no andar de cima de uma casa, e as pessoas reúnem-se na rua. Uma criança está no andar de cima: como ela escapará? Ela não pode pular para baixo — isso significaria quebrar-se toda. Uma pessoa forte desce e grita: "Pula em meus braços!". Faz parte da fé saber que alguém está lá; outra parte da fé é crer que aquela pessoa é forte; mas a essência da fé reside em se jogar nos braços da pessoa. Essa é a prova da fé, e a verdadeira essência dela.

Portanto, pecador ou pecadora, você deve saber que Cristo morreu pelo pecado (1Coríntios 15:3); você também deve entender que Cristo é capaz de salvar (Hebreus 7:25), e você deve crer nisso. Mas você não é salvo, a menos que, além disso, deposite sua confiança nele para ser seu Salvador, e para ser seu para sempre. Como Joseph Hart diz em seu hino, que realmente expressa o evangelho:

> Confia nele, confia inteiro;
> Outro apoio é traiçoeiro;
> Só Jesus, o bom Senhor,
> Pode ao pecador dar favor.[5]

Esta é a fé que salva. E por mais profanas que tenham sido suas vidas até este momento, esta fé, se lhe for dada neste instante, apagará todos os seus pecados, mudará sua natureza, fará de você um novo ser

[5] Joseph Hart, "Come, ye sinners, poor and wretched", 1759.

em Cristo Jesus, o levará a viver uma vida santa, e tornará sua salvação eterna tão segura como se um anjo o tomasse em suas asas brilhantes esta manhã, e o levasse imediatamente para o céu.

Você tem essa fé? Essa é a questão mais importante; pois, enquanto com a fé os seres humanos são salvos, sem ela os seres humanos são condenados. Como Thomas Brooks[6] disse em uma de suas admiráveis obras: "Aquele que crê no Senhor Jesus Cristo será salvo, mesmo que seus pecados sejam muitos; mas aquele que não crê no Senhor Jesus será condenado, mesmo que seus pecados sejam poucos". Você tem fé? Pois o texto declara: "Sem fé é impossível agradar a Deus".

II

E agora chegamos ao *argumento — por que, sem fé, não podemos ser salvos?*

Agora, há alguns cavalheiros presentes que estão dizendo: "Agora veremos se o Sr. Spurgeon tem alguma lógica". Não, vocês não verão, senhores, porque eu nunca pretendi exercê-la. Espero ter a lógica que possa apelar ao coração humano; mas não sou muito propenso a usar a lógica menos poderosa da mente, quando posso conquistar o coração de outra maneira. Mas, se fosse necessário, eu não teria medo de provar que sei mais de lógica e de muitas outras coisas do que as pessoas comuns que se propõem a me censurar.

Seria bom se soubessem como conter a língua, o que é pelo menos uma boa parte da retórica. Meu argumento será tal que, acredito,

---

[6] Thomas Brooks (1608–1680), foi um pregador e escritor puritano inglês, muito conhecido por suas obras devocionais e exortativas. Ele pertenceu ao movimento puritano congregacionalista e é reconhecido pela clareza prática de seus escritos e pelo tom pastoral firme, mas cheio de esperança.

apelará ao coração e à consciência, embora possa não agradar exatamente àqueles que sempre gostam tanto de demonstrações silogísticas[7]:

> Quem poderia um fio de cabelo dividir
> entre o oeste e o noroeste?[8]

1. "Sem fé é impossível agradar a Deus." E deduzo isso do fato de que nunca houve um caso registrado nas Escrituras de alguém que agradou a Deus sem fé. O capítulo 11 de Hebreus é o capítulo das pessoas que agradaram a Deus. Ouçam seus nomes: "Pela fé, Abel ofereceu a Deus um sacrifício mais excelente"; "Pela fé, Enoque foi levado"; "Pela fé, Noé construiu uma arca"; "Pela fé, Abraão partiu para um lugar que devia receber"; "Pela fé, ele peregrinou na terra da promessa"; "Pela fé, Sara deu à luz Isaque"; "Pela fé, Abraão ofereceu Isaque"; "Pela fé Moisés renunciou às riquezas do Egito;" "Pela fé Isaque abençoou Jacó;" "Pela fé Jacó abençoou cada um dos filhos de José;" "Pela fé José, próximo da morte, fez menção do êxodo dos filhos de Israel;" "Pela fé o mar Vermelho secou;" "Pela fé, ruíram as muralhas de Jericó;" "Pela fé, Raabe, a prostituta, foi salva;" "E que mais direi? Certamente me faltará o tempo necessário para falar de Gideão, de Baraque, de Sansão, de Jefté, de Davi, de Samuel e dos profetas." (Hebreus 11:30-32) Mas todos estes eram pessoas de fé.

Outros mencionados nas Escrituras fizeram certas coisas, mas Deus não os aceitou. Pessoas se humilharam, e ainda assim Deus não as salvou. Acabe fez isso, e ainda assim seus pecados nunca foram

[7] O silogismo é um termo filosófico com o qual Aristóteles designou um argumento dedutivo constituído de três proposições (= ideias propostas), duas premissas e uma conclusão.

[8] William Shakespeare, *Hamlet*, Ato II, Cena II.

perdoados (1Reis 21:27-29). Pessoas se arrependeram, e ainda assim não foram salvas, porque o arrependimento delas foi errado. Judas se arrependeu, foi e se enforcou, e não foi salvo (Mateus 27:3-5). Pessoas confessaram seus pecados, e não foram salvas. Saul fez isso. Ele disse a Davi: "Pequei contra você, meu filho Davi" (1Samuel 26:21); e ainda assim ele continuou como antes.

Multidões confessaram o nome de Cristo, e fizeram muitas coisas maravilhosas, e ainda assim nunca agradaram a Deus, pela simples razão de que não tinham fé (Mateus 7:21-23). E se não há nenhum sequer mencionado nas Escrituras, as quais cobrem a história de alguns milhares de anos, não é provável que, nos outros dois mil anos da história do mundo, tenha havido algum, quando não houve nenhum sequer durante os primeiros quatro mil.

2. Mas o próximo argumento é este: a fé é a graça que nos humilha, e nada pode fazer uma pessoa humilhar-se sem fé. Ora, a menos que o ser humano se curve em humilhação, seu sacrifício não pode ser aceito (Salmos 51:17). Os anjos sabem disso: quando louvam a Deus, o fazem cobrindo o rosto com suas asas (Isaías 6:2,3). Os remidos sabem disso: quando louvam a Deus, lançam suas coroas aos seus pés (Apocalipse 4:10,11). Ora, uma pessoa que não tem fé prova que não pode se curvar, pois não tem fé por esta razão: é orgulhosa demais para crer. Ela declara que não renderá seu intelecto, não se tornará como uma criança e crerá mansamente no que Deus lhe diz para crer (Mateus 18:3,4). Ela é orgulhosa demais, e não pode entrar no céu, porque a porta do céu é tão baixa que ninguém pode entrar por ela a menos que incline a cabeça.

Nunca houve uma pessoa que pudesse caminhar de cabeça erguida para a salvação. Devemos ir a Cristo de joelhos, pois, embora Ele seja uma porta grande o suficiente para o maior pecador entrar, Ele é uma porta tão baixa que os seres humanos devem se curvar se quiserem ser salvos (Tiago 4:6). Portanto, a fé é necessária, porque a falta de fé é evidência certa de ausência de humildade.

3. Mas passemos agora por outras razões. A fé é necessária para a salvação, porque nos é dito nas Escrituras que as obras não podem salvar (Efésios 2:8,9). Para contar uma história muito conhecida — e mesmo os mais pobres não poderão interpretar mal o que direi:

Certo dia, um ministro estava indo pregar. Ele subiu uma colina em seu trajeto. Abaixo dele estavam as aldeias, adormecidas em sua beleza, com os campos de trigo imóveis ao sol. Mas ele não olhou para elas, pois sua atenção foi capturada por uma mulher parada à porta dela, que, ao vê-lo, aproximou-se com grande ansiedade e disse: "Ó, senhor! O senhor carrega alguma chave? Quebrei a chave das minhas gavetas, e há algumas coisas que preciso pegar imediatamente." Ele disse: "Não tenho nenhuma chave."

Ela ficou decepcionada, esperando que todos tivessem algumas chaves. "Mas suponha", disse ele, "que eu tivesse algumas chaves: elas poderiam não servir na sua fechadura e, portanto, a senhora não conseguiria os objetos que deseja. Mas não se preocupe, espere até que outra pessoa apareça. Mas", disse ele, desejando aproveitar a ocasião, "a senhora já ouviu falar da chave do céu?"

"Ah! sim", disse ela, "já vivi o suficiente, e já frequentei a igreja o suficiente para saber que, se trabalharmos duro e ganharmos o pão com o suor do nosso rosto (Gênesis 3:19), e agirmos bem com nosso próximo (Mateus 22:39), e nos comportarmos bem, como diz o catecismo[9], 'com humildade e reverência com todos os nossos superiores' (1Pedro 2:17), e se 'cumprirmos nosso dever naquela posição da vida

[9] *O Catecismo Breve de Westminster*, pergunta 65.

em que aprouve a Deus nos colocar' (1Coríntios 7:17), e dissermos nossas orações regularmente (1Tessalonicenses 5:17), seremos salvos."

"Ah!" disse ele, "Minha boa senhora, essa é uma chave quebrada, pois a senhora quebrou os mandamentos, não cumpriu todos os seus deveres. É uma boa chave, mas a senhora a quebrou." "Por favor, senhor", disse ela, acreditando que ele entendia do assunto e parecendo assustada. "O que eu deixei de fora?" "Veja bem", disse ele, "a chave do céu está no cinto do Senhor. Ele abre, e ninguém fecha; Ele fecha, e ninguém abre." (Apocalipse 3:7) E explicando-lhe mais detalhadamente, disse: "É Cristo, e somente Cristo, que pode abrir o céu para a senhora, e não suas boas obras."

"O que, ministro?", disse ela, "Nossas boas obras são inúteis então?" "Não", disse ele, "não depois da fé. Se a senhora crer primeiro, poderá ter quantas boas obras quiser; mas se crer, nunca confiará nelas, pois se confiar nelas, irá tê-las estragado, e elas não serão mais 'boas' obras. Faça quantas boas obras quiser, mas ainda assim confie inteiramente no Senhor Jesus Cristo, pois, se não o fizer, suas chaves jamais abrirão os portões do céu."

Portanto, meus ouvintes, precisamos ter fé verdadeira, porque a antiga chave das obras está tão quebrada por todos nós, que jamais entraremos no Paraíso por ela. Se algum de vocês finge não ter pecado, para ser bem claro, enganam-se a si mesmos, e a verdade não está em vocês (1João 1:8). Se vocês imaginam que por suas boas obras entrarão no céu, nunca houve ilusão mais grave, e descobrirão, no último grande dia, que suas esperanças eram inúteis e que, como folhas secas das árvores no outono, suas ações mais nobres serão levadas pelo vento, ou acesas em uma chama dentro de vocês mesmos; vocês sofrerão para sempre. Cuidem de suas boas obras; adquiram-nas pela fé, mas lembrem-se: o caminho para a salvação é simplesmente crer em Jesus Cristo (Atos 16:31).

4. Mais uma vez: sem fé é impossível ser salvo e agradar a Deus, porque sem fé não há união com Cristo. Ora, a união com Cristo é indispensável à nossa salvação. Se eu me apresentar diante do trono de Deus com minhas orações, jamais as terei respondidas, a menos que leve Cristo comigo (João 14:13,14).

Os molossos[10] da antiguidade, quando não conseguiam obter um favor de seu rei, adotavam um expediente singular: tomavam o único filho do rei nos braços e, caindo de joelhos, clamavam: "Ó rei, por amor de teu filho, concede-nos o nosso pedido". Ele sorria e dizia: "Nada nego àqueles que invocam o nome de meu filho"[11]. Assim é com Deus. Ele nada negará àquele que vai até Ele, tendo Cristo ao seu lado; mas se for sozinho, será rejeitado. A união com Cristo é, afinal, o grande ponto da salvação. Deixe-me contar uma história[12] para ilustrar isso:

As estupendas quedas d'água do Niágara são mencionadas em todas as partes do mundo. Mas, embora sejam maravilhosas de se ouvir, e maravilhosas de se ver, têm sido muito letais para a vida humana, quando, por acidente, alguém é levado pelas cataratas.

Há alguns anos, duas pessoas, um barcaceiro e um carvoeiro, estavam em um barco e se viram incapazes de manobrá-lo, pois ele estava sendo levado tão rapidamente pela correnteza que ambos

---

[10] Antiga tribo grega que se instalou na região do Épiro, no noroeste da Grécia, desde a era micênica. Pelo menos dois personagens importantes da história helênica eram molossos: Olímpia, esposa de Felipe II de Macedônia e mãe de Alexandre, o Grande, e Pirro, que lutou contra os romanos na Itália na Batalha de Ásculo em 279 a.C., mas com perdas muito significativas. Daí a expressão "vitória pírrica".

[11] Não há registro histórico desse costume, apesar de ser uma história bastante utilizada por pregadores puritanos ingleses dos séculos 18 e 19.

[12] Essa é outra história ficcional didática.

inevitavelmente seriam arrastados para baixo e despedaçados. Pessoas na margem os viram, mas não conseguiram fazer muito para resgatá-los. Por fim, porém, um homem foi salvo por uma corda que flutuava até ele, e ele a agarrou.

No mesmo instante em que a corda chegou à sua mão, um tronco flutuou perto do outro homem. O barcaceiro, descuidado e confuso, em vez de agarrar a corda, agarrou-se ao tronco. Foi um erro fatal. Ambos estavam em perigo iminente, mas um foi puxado para a margem porque tinha um elo com as pessoas em terra, enquanto o outro, agarrado ao tronco, foi levado irresistivelmente, e nunca mais se ouviu falar dele.

Vocês não veem que aqui está uma ilustração prática? Fé é um elo com Cristo. Cristo está na margem, por assim dizer, segurando a corda da fé, e se a segurarmos com a mão da nossa confiança, Ele nos puxa para a margem (João 10:28); mas nossas boas obras, sem um elo com Cristo, são arrastadas pelo abismo do desespero cruel. Por mais que nos agarremos a elas com toda a força que pudermos, mesmo com ganchos de aço, elas não nos servirão de nada. Vocês verão, tenho certeza, o que desejo mostrar-lhes.

Alguns se opõem a anedotas. Eu as usarei até que parem de se opor a elas. A verdade nunca é apresentada às pessoas com mais poder do que contando-lhes, como Cristo fez, a história de um certo homem com dois filhos (Lucas 15:11-32), ou de um certo chefe de família que viajou, dividiu seus bens e deu a um dez talentos, e a outro um (Mateus 25:14-30).

A fé, então, é uma união com Cristo. Cuidem para tê-la, pois, caso contrário, apeguem-se às suas obras — e lá vão vocês flutuando rio abaixo! Apeguem-se às suas obras — e lá vão vocês se precipitando no abismo, perdidos porque suas obras não têm nenhum vínculo com Cristo, e nenhum elo com o bendito Redentor!

Mas você, pobre pecador, com todo o seu pecado ao seu redor: se a corda está em volta da sua cintura e Cristo a segura, não tema!

Seu compromisso é salvar,
O mais humilde dos seus;
Todos que o Pai lhe deu,
Estão seguros nos céus.[13]

5. Só mais um argumento, e então termino. "Sem fé é impossível agradar a Deus", porque é impossível perseverar em santidade sem fé. Que multidão de cristãos de ocasião temos nesta época! Muitos cristãos se assemelham ao náutilo[14], que em tempo bom e tranquilo nada na superfície do mar, em um pequeno grupo esplêndido, como os navios poderosos; mas no momento em que o primeiro sopro de vento agita as ondas, eles "recolhem suas velas" e afundam nas profundezas.

Muitos cristãos são assim: quando em boa companhia, em grandes salões de reunião das igrejas, em salas de estudo, em capelas e sacristias, eles são tremendamente religiosos; mas se forem expostos a um pouco de ridículo, se alguém sorrir para eles e os chamar de "metodistas", "presbiterianos" ou algum apelido para os zombar, sua religião estará acabada até o próximo dia com bom tempo. Então, quando o tempo estiver bom, e a religião atender aos seus propósitos, as velas serão içadas novamente, e eles serão tão piedosos quanto antes. Acreditem, esse tipo de religião é pior do que a irreligião.

---

[13] Isaac Watts, "Firm As The Earth Thy Gospel Stands" [Firme como a terra, teu evangelho está], 1709.

[14] Molusco parente do polvo e da lula. Possui uma concha externa espiralada, resistente e flutuante. Vive em águas profundas e é conhecido por sua capacidade de controlar a flutuabilidade, podendo nadar tanto na superfície quanto em grandes profundidades.

Eu gosto que uma pessoa seja plenamente o que é — uma pessoa sem disfarces. E se alguém não ama a Deus, não diga que ama (João 14:15); mas se ele for um verdadeiro cristão, um seguidor de Jesus, que o diga e o defenda. Não há nada de que se envergonhar nisso (Timóteo 1:8). A única coisa de que se envergonhar é ser hipócrita (Mateus 23:28). Sejamos honestos à nossa profissão de fé, e ela será a nossa glória.

Ah! O que vocês fariam sem fé em tempos de perseguição? Vocês, pessoas boas e piedosas que não têm fé, o que vocês fariam se a estaca fosse erguida novamente em Smithfield[15], e se mais uma vez o fogo consumisse os santos até virarem cinzas? Se a Torre dos lolardos[16,17] fosse reativada? Se o cavalete de tortura[18] fosse novamente montado, ou se até mesmo o pelourinho fosse usado, como foi usado por uma Igreja Protestante[19], como testemunha a perseguição ao meu antecessor, Benjamin Keach[20], que certa vez foi preso em Aylesbury, por escrever um livro contra o batismo infantil? Se até mesmo a mais branda forma de

---

[15] Área em Londres que, durante a Idade Média e a Reforma, ficou famosa pelos martírios religiosos, principalmente pela execução de protestantes que foram queimados vivos na estaca por heresia, entre os séculos 15 e 16. Muitos mártires reformadores foram mortos ali.

[16] Movimento religioso do final do século 14 e início do 15, seguidores das ideias de John Wycliffe, que questionavam várias doutrinas da Igreja Católica Romana, e defendiam a leitura da Bíblia em inglês. Eles foram perseguidos violentamente por heresia, e muitos foram torturados e mortos.

[17] Torre medieval localizada no Palácio de Lambeth, em Londres. Foi usada no final da Idade Média e na época da Reforma como prisão para hereges, principalmente os lolardos.

[18] Um tipo de mesa de madeira em que a vítima era amarrada a rolos em cada extremidade, que eram então girados pelo torturador, esticando os seus membros.

[19] A Igreja Anglicana.

[20] Benjamin Keach (1640-1704) foi um pastor batista inglês conhecido por sua oposição ao batismo infantil e por suas contribuições à música congregacional.

perseguição fosse reavivada, como o povo se dispersaria! E alguns pastores abandonariam seus rebanhos.

Outra anedota agora, e espero que ela os leve a ver a necessidade da fé, embora possa me levar imperceptivelmente à última parte do meu discurso.

Um norte-americano proprietário de escravizados, certa vez, ao comprar um, disse à pessoa de quem o estava comprando: "Diga-me com toda franqueza: quais são os defeitos dele?" Disse o vendedor: "Ele não tem defeitos, que eu saiba, exceto um: ele tem o costume de orar." "Ah!" disse o comprador: "Não gosto disso, mas sei de algo que vai curá-lo em breve." Então, na noite seguinte, Cuffey — o escravizado — foi surpreendido por seu senhor na plantação, enquanto orava fervorosamente por seu novo senhor, pela esposa e pela família dele (Tiago 5:16).

O homem ficou parado ali e escutou, mas não disse nada naquele momento. Porém, na manhã seguinte, chamou Cuffey e disse: "Não quero brigar com você, meu rapaz, mas não vou tolerar orações em minha propriedade; então, pare com isso." "Sinhô", disse ele, "eu num posso pará de orá; eu devo orá." (Tessalonicenses 5:17) "Eu vou ensinar você a orar de verdade, se você insistir." "Sinhô, eu devo continuá." "Bem, então, eu vou te dar vinte e cinco chicotadas por dia até você parar." "Sinhô, se o sinhô me dé cinquenta, eu devo orá." (Atos 5:29) "Se é assim que você é atrevido com seu senhor, você irá apanhar agora mesmo."

Amarrando-o, deu-lhe vinte e cinco chicotadas, e perguntou se voltaria a orar. "Sim, sinhô, devo orá sempre, não posso pará." (Efésios 6:18) O senhor ficou atônito; não conseguia entender como aquele

---

Por suas convicções, sofreu perseguições, incluindo ser colocado nos pelourinhos em Aylesbury por publicar um livro contra o batismo infantil.

humilde servo de Deus podia continuar orando, quando isso parecia não adiantar nada, mas apenas lhe trazia perseguição (Mateus 5:10-12). Contou isso à esposa. A esposa lhe disse: "Por que você não deixa o pobre homem orar? Ele faz o trabalho dele muito bem; você e eu não ligamos para orar, mas não há mal nenhum em deixá-lo orar, se ele continuar com o trabalho dele." "Mas eu não gosto disso", disse o senhor. "Ele quase me matou de medo. Você devia ver como ele me olhou." "Ele estava com raiva?" "Não, eu não me importaria com isso; mas depois que o espanquei, ele olhou para mim com lágrimas nos olhos, como se tivesse mais pena de mim do que de si mesmo." (Lucas 23:24)

Naquela noite, o senhor não conseguiu dormir. Ele se revirava na cama, e seus pecados lhe vinham à mente (João 16:8). Lembrou-se de que havia perseguido um santo de Deus. Levantando-se da cama, disse: "Esposa, você pode orar por mim?" "Nunca orei na minha vida", disse ela. "Não posso orar por você." "Estou perdido", disse ele, "se alguém não orar por mim. Não consigo orar por mim mesmo." "Não conheço ninguém na propriedade que saiba orar, exceto Cuffey", disse sua esposa. O sino tocou, e Cuffey foi trazido. Segurando a mão de seu servo negro, o senhor disse: "Cuffey, você pode orar pelo seu senhor?" "Sinhô", disse ele, "eu tenho orado p'ô sinhô desde que o sinhô me açoitô, e eu pretendo orá sempre pelo sinhô." (Mateus 5:44)

Cuffey caiu de joelhos, e derramou sua alma em lágrimas, e ambos, marido e mulher, se converteram. Aquele homem negro não poderia ter feito isso sem fé. Sem fé, ele teria ido embora imediatamente, e dito: "Sinhô, parei de orá. Num gosto do chicote do homi branco." Mas, porque ele perseverou através de sua fé, o Senhor o honrou, e lhe deu a alma de seu senhor como recompensa (Tiago 1:12).

III. E agora, para concluir, a pergunta, *a pergunta vital*. Caro e cara ouvinte, você tem fé? Você crê no Senhor Jesus Cristo de todo o seu coração? (Atos 8:37) Se sim, você pode esperar ser salvo. Sim, você pode concluir com absoluta certeza que nunca verá a perdição. Você tem fé? Posso ajudá-lo a responder a essa pergunta? Vou lhe dar três testes, o mais brevemente possível, para não o cansar, e então me despeço esta manhã.

Aquele que tem fé renunciou à sua própria justiça. Se você depositar um átomo de confiança em si mesmo, não terá fé. Se você depositar uma partícula sequer de confiança em qualquer outra coisa que não seja o que Cristo fez, você não terá fé. Se você confia em suas obras, então suas obras são anticristo[21], e Cristo e anticristo jamais poderão andar juntos. Cristo terá tudo ou nada. Ele deve ser um Salvador total, ou nenhum. Se, então, você tem fé, você pode dizer:

Nada posso eu levar,
Só na cruz vou me firmar.[22]

Então a verdadeira fé pode ser conhecida por isto: que ela gera uma grande estima pela pessoa de Cristo. Você ama a Cristo? Poderia morrer por Ele? Procura servi-lo? Ama o povo dele? Você pode dizer:

Jesus, teu nome é doce, sim,
Ele é música pra mim.[23]

Oh! Se você não ama Cristo, não crê nele; pois crer em Cristo gera amor. E ainda mais: aquele que tem fé verdadeira terá obediência

---

[21] Ou seja, contra Cristo.

[22] Augustus Montague Toplady, "Rock of Ages" [*Rocha eterna*], 1776.

[23] Philip Doddridge, "Jesus, I Love Thy Charming Name" [Jesus, amo teu nome encantador], c. 1735.

verdadeira. Se alguém diz que tem fé e não tem obras, mente (Tiago 2:14-17); se alguém declara que crê em Cristo, e ainda assim não leva uma vida santa, comete um erro (1João 2:3-6); pois, embora não confiemos em boas obras, sabemos que a fé sempre gera boas obras. A fé é a mãe da santidade, e quem não ama a filha, não é mãe. As bênçãos de Deus são bênçãos com ambas as mãos: m uma mão, Ele concede o perdão; mas na outra, Ele sempre concede a santidade. E ninguém pode ter uma, a menos que tenha a outra.

E agora, queridos e queridas ouvintes, eu me ajoelharia e imploraria, em nome de Cristo, que respondessem a esta pergunta em seu próprio quarto silencioso: você tem fé? Oh! Respondam: "sim" ou "não". Parem de dizer: "Eu não sei", ou "Eu não me importo". Ah! Vocês se importarão, um dia, quando a terra estiver cambaleando, e o mundo estiver se debatendo de um lado para o outro (Isaías 24:20). Vocês se importarão quando Deus os convocar para o julgamento, e condenar os infiéis e os incrédulos (Apocalipse 20:11-15).

Oh! Que vocês fossem sábios — que vocês se importassem agora... E se algum de vocês sentir necessidade de Cristo, deixem-me implorar, por amor a Cristo, que busquem agora a fé naquele que é exaltado nas alturas para conceder arrependimento e remissão (Atos 5:31), e que, se já lhes concedeu arrependimento, também lhes concederá remissão.

Ó pecadores, que conhecem seus pecados! "Creiam no Senhor Jesus e vocês serão salvos." (Atos 16:32) Lancem-se sobre o amor e o sangue dele, as obras e a morte dele, os sofrimentos e os méritos dele; e, se fizerem isso, nunca cairão, mas serão salvos agora, e salvos naquele grande dia em que não ser salvo será realmente horrível. (Apocalipse 20:15) "Convertam-se! Convertam-se! Por que vocês haveriam de morrer, ó casa de Israel?" (Ezequiel 33:11) Agarrem-se a Ele, toquem na borda da sua roupa, e vocês serão curados (Mateus 14:36).

Que Deus ajude vocês a fazer isso, pelo amor de Cristo! Amém e amém!

SERMÃO PROFERIDO EM 1856

10

A FÉ ONIPOTENTE

Ao que Jesus respondeu: "Se tu podes"?
Todas as coisas são possíveis ao que crê.
MARCOS 9:23

DEVO fazê-los recordar a cena em que Cristo proferiu estas palavras memoráveis. Cristo estivera no topo do monte, transfigurado na presença de seus três discípulos (Marcos 9:2,3). Durante sua ausência, os discípulos restantes ficaram atônitos. Por falta de fé, eles se viram incapazes de realizar um milagre sequer (Marcos 9:18), e os fariseus se sentiram vitoriosos. Cristo desceu naquele exato momento, e fez pender a balança em favor dos seus (Marcos 9:25).

Encontramos um caso paralelo na história de Moisés, quando ele, com seu servo Josué, subiu ao monte e contemplou a glória do Senhor (Êxodo 24:12-18). Enquanto ele e Josué estavam ausentes, o mal manifestou-se, e aqueles que andavam pelo que viam (2Coríntios 5:7) prevaleceram sobre a fé pobre e fraca de Arão, de modo que ele lhes fez um bezerro de ouro (Êxodo 32:1-4). E eis que, ao retornar,

Moisés viu o povo entregue à adoração daquela imagem que podiam ver com os olhos e tocar com as mãos (Êxodo 32:6): a fé havia deixado o campo, derrotada, porque seu defensor não estava lá, e a visão pecaminosa triunfava momentaneamente.

Moisés se lança de modo corajoso no meio do povo, e instantaneamente eles são tomados de confusão: alguns tremem, e os mais ousados entre eles são obrigados a baixar a cabeça. Ele agarra o bezerro de metal fundido deles, o tritura até virar pó, e os faz beber (Êxodo 32:19,20).

Ora, nosso Senhor, com seus "Josués" — Pedro, Tiago e João, os três eleitos dentre os eleitos — havia estado no monte da transfiguração. Os demais, como Arão, viram-se atacados por aqueles que queriam sinais e maravilhas (Marcos 9:14-18), e, sendo incapazes de realizar esses sinais e maravilhas por falta de fé, os fariseus se aproveitaram, e o bando de Deus parecia fugir de diante deles. Mas, de repente, como um grande Rei, Cristo se levanta no meio deles: os fariseus ficam envergonhados, um milagre é realizado, a fé triunfa, e os céticos são envergonhados (Marcos 9:25).

Como um poderoso general que, tendo se ausentado do campo de batalha, descobre que seus tenentes se envolveram precipitadamente em ação e foram derrotados — a ala esquerda entrou em colapso, a direita fugiu e o centro começa a fraquejar — ele ergue seu estandarte no meio de suas tropas, e lhes ordena que se reagrupem ao seu redor. Eles se reúnem, lançam-se sobre os inimigos quase triunfantes, e logo invertem a balança da vitória, e fazem os últimos vencedores virarem suas costas cheios de vergonha para a fuga.

Irmãs e irmãos, aqui está uma lição logo de início: o que precisamos para a conquista é o grito de um rei no meio de nós. A presença de Cristo é vitória para sua igreja — a ausência do Senhor Jesus acarreta uma derrota vergonhosa.

Ó exércitos do Deus vivo, não contem com seus números. Não confiem em sua força. Não contem com a capacidade de seus ministros. Não se gloriem em poder humano, nem, por outro lado, se assustem por serem poucos, nem tremam por serem fracos. Se Ele estiver com vocês, mais serão os que estão com vocês do que todos os que estão contra vocês (Romanos 8:31). Se Cristo estiver no seu meio, há cavalos e carros de fogo ao vosso redor (2Reis 6:17).

> Quando Ele revela seu braço,
> Quem pode resistir ao seu poder?
> Quando Ele defende a causa do seu povo,
> Quem ousará sua mão deter?[1]

Elevem, pois, seus olhos para os montes, de onde vem Jesus, que é o seu socorro (Salmos 121:2), e implorem-lhe que nunca abandone seu povo, mas que habite com eles, e ande entre eles para sempre.

O assunto sobre o qual a disputa havia surgido era este: um certo homem tinha um filho endemoninhado, que era atormentado por um espírito mudo, que o lançava em convulsões e delírios dos mais horríveis. O pai, tendo visto a inutilidade dos esforços dos discípulos, tinha pouca ou nenhuma fé em Cristo e, por isso, quando lhe foi ordenado que trouxesse o filho até Ele, disse a Jesus: "Se tu podes fazer alguma coisa, tenha compaixão de nós e ajude-nos" (Marcos 922).

Ora, havia um "se" na pergunta, mas o pobre pai trêmulo colocara o "se" no lugar errado. Jesus Cristo, portanto, sem lhe dizer para retratar o "se", apenas o coloca em sua posição legítima. "De modo algum", parecia dizer Ele, "não deveria haver nenhum 'se' quanto ao

---

[1] Paul Gerhardt, "Give to the Winds Thy Fears" [Lance seus medos ao vento], 1656.

meu poder, nem quanto à minha vontade; o 'se' está em outro lugar". "'Se tu podes'? Todas as coisas são possíveis ao que crê". O homem recebeu fé, oferecendo ao mesmo tempo uma humilde oração por um aumento de fé (Marcos 9:24), e, naquele instante, Cristo proferiu a palavra, e o demônio foi expulso com uma ordem para nunca mais voltar (Marcos 9:25).

Irmãs e irmãos, vocês e eu vemos que há um "se" em algum lugar, mas estamos constantemente errando ao colocá-lo no lugar errado. Se Cristo pode converter pagãos? Não, não, a questão é se a igreja puder crer, Ele pode. Se Cristo pode tornar o ministério bem-sucedido? Não, a questão é se você puder crer, Ele pode. Se Cristo pode me dar o perdão dos pecados? Se Ele pode me dar grandes alegrias? Se Ele pode me elevar acima de dúvidas e medos?

Não é desse modo, irmãs e irmãos — não é desse modo; vocês colocaram o seu "se" no lugar errado. A questão é se vocês podem crer, pois se vocês puderem, assim como todas as coisas são possíveis para Cristo, todas as coisas serão para vocês (Marcos 9:23).

A fé se apoia no poder e na majestade de Deus; ela veste os trajes reais, e cavalga o cavalo do rei, pois é a graça que o rei se deleita em honrar (Ester 6:8,9). Cingindo-se com o poder glorioso do Espírito que tudo opera, ela se torna, na onipotência de Deus, poderosa para operar, ousar e sofrer. "Todas as coisas", sem limites, "são possíveis ao que crê".

Esta manhã, vou deter-me em algumas das conquistas da fé e, em seguida, observar onde reside o grande poder da fé. Que Deus ajude-nos a falar sobre esses dois pontos com poder divino.

I

Primeiro, *algumas das conquistas da fé.*

O tempo me faltaria se eu tentasse relatar o registro daqueles que conquistaram um bom testemunho pela fé. Não é necessário que minha humilde língua recapitule o que Paulo, com lábios inspirados, proferiu aos ouvidos da igreja. Abram no capítulo 11 de Hebreus, e vejam ali um poderoso arco triunfal[2] que Deus, o Espírito Santo, ergueu em comemoração aos esplêndidos triunfos alcançados pela fé. Contemplem esta torre de Davi, edificada para arsenal, sobre a qual pendem mil escudos, todos de soldados valentes (Cânticos dos Cânticos 4:4). Com alegria, a igreja celebra seus valorosos, pois o SENHOR levanta a sua voz diante do seu exército; pois o seu arraial é enorme (Joel 2:11). Mas não é preciso que eu vos lembre dessas coisas antigas; antes, falarei de algumas das coisas que a fé pode realizar hoje, mesmo hoje.

1. Primeiro, consideraremos a fé em sua relação com a culpa. Aqui podemos dizer, aos seus ouvidos: se puderem crer, a culpa pode ser removida; o perdão perfeito e a justificação completa são possíveis ao mais vil pecador, se ele puder crer em Cristo.

Vejam, minhas irmãs e irmãos, a fé avançando para a batalha contra o pecado. Observem por um momento suas lutas determinadas, mas vejam-na retornando, como Davi, com a cabeça de Golias na mão — um poderoso vencedor pela força do seu Deus (1Samuel 17:51).

A fé, ao lidar com o pecado, não esquece sua grandeza. Nosso pecado é tremendo — não nos é possível superestimar sua culpa. O pecador, sob as mais terríveis convicções, nunca exagerou a maldade do pecado — é algo terrível e amargo. Mas a fé lida com ele assim: "E se o meu pecado for grande? Eu tenho um grande Salvador; certamente Ele é capaz de tirar o meu pecado, mesmo que fosse cem vezes maior

---

[2] Construção monumental em que dois ou quatro pilares sustentam um arco, erguida para celebrar uma vitória militar ou glorificar um governante desde a Roma antiga.

do que é, e lançá-lo todo nas profundezas do mar (Miqueias 7:19). Sei que me rebelei muito, e pequei com muitas ofensas contra o meu Deus; mas creio em sua grande misericórdia, e sei que Ele é capaz de apagar meus pecados como uma névoa, e minhas transgressões como uma nuvem" (Isaías 44:22).

A fé não diminui o pecado na avaliação de um pecador, mas exalta a Cristo, de modo que o pecador crê firme e plenamente que, se o seu pecado pudesse ser multiplicado por todo o número dos eleitos, aquele que é poderoso para salvar poderia remover todo o fardo e libertá-lo. A grandeza do pecado não é uma barreira para a sua remoção, se você puder crer.

Muitos também são angustiados pela consciência do merecido castigo do pecado. São levados a olhar para o inferno; parecem ouvir os gemidos enquanto eles sobem do lugar de tormento. Passagens terríveis como estas estão em sua mente perturbada: "Porque há muito Tofete[3] está preparada; ela é profunda e larga, com fogo e lenha em abundância." (Isaías 30:33) "Estes irão para o castigo eterno (Mateus 25:46), onde não lhes morre o verme, nem o fogo se apaga." (Marcos 9:48) Mas a fé diz: "Sim, mas apesar de tudo isso, as agonias de Cristo foram tão grandes que são uma expiação adequada e completa, pela qual todos esses tormentos podem ser, pela misericórdia de Deus, totalmente removidos daqueles que confiam em Jesus, e eles podem até ascender aos céus."

Conhecer o deserto do pecado e, ainda assim, crer que Cristo pode perdoar — isso é obra da fé. Não transformar o pecado em um pecadilho, uma ofensa pequena e trivial, mas confessar que o peso total do braço eterno de Deus não pode ser pesado demais para cair sobre o ser

[3] Uma fogueira.

humano que ousou insultar as leis de seu Criador e, apesar de tudo isso, crer que a expiação feita pelo sangue na cruz foi suficiente, e mais do que suficiente, para expiar tudo. Esta é a vitória da fé — saber que o sangue de Jesus Cristo, o Filho amado de Deus, nos purifica de todo pecado (1João 1:7).

Multidões, eu sei, também se afligem muito ao se lembrarem do que a culpa fez nelas. Diz alguém assim: "Sou tão duro de coração, tenho tão pouco arrependimento, sou tão falho na oração, não tenho nada de bom em mim; sou tudo o que é vil. Não há coisa alguma digna em mim que mova a piedade de Deus." Agora, a fé entra e diz: "É assim mesmo. Mas, apesar de tudo isso, eu creio na promessa nua e crua de Deus. Vou a Jesus como sou, não tendo nada em mim, mas possuindo todas as coisas nele" (2Coríntios 6:10).

A fé também não permitirá que a dureza do coração, ou a teimosia da vontade, sejam argumentos para que a alma não descanse em Cristo; mas crendo em tudo o que poderia ser atribuído a ela, e arrependendo-se tristemente de tudo isso, ainda assim a fé diz: "Está escrito: 'O que vem a mim, de modo nenhum o lançarei fora' (João 6:37). Eu vou, e Jesus não pode, não quer, me lançar fora".

Quando sinto minha alma amolecida, quando sinto os movimentos do fogo vivo dentro de mim, então crer que Cristo pode me salvar não é uma grande fé; mas quando não sinto vida espiritual, quando meu coração está duro tanto quanto a pedra de moinho inferior, e me vejo tão corrupto quanto um monturo, então crer naquele que justifica o ímpio (Romanos 4:5); então aceitar a misericórdia que Cristo concede ao maior dos pecadores, esta é uma obra-prima de fé; e é nisso que a fé torna todas as coisas possíveis para aquele que crê (Marcos 9:23).

Na esperança — contra toda esperança humana,
Mesmo sem fé, em tua palavra acredito;

Tua viva palavra erguer-me-á, soberana,
E conceder-me-á o alento do Espírito bendito.

Ultrapassa o que posso imaginar,
Mas fiel é o Senhor, nele vou confiar;
Mesmo na descrença não irei vacilar,
Pois Deus já falou – em Cristo posso me firmar.
A fé poderosa vê só a promessa certa,
E ao impossível faz troça, altaneira;
Ri do impossível, confiante a gritar:
"Acontecerá! — Ele irá operar."[4]

Os pecadores também ficam muito perturbados a respeito do futuro depois de despertados. "Vocês pecarão de novo", diz Satanás, "exatamente como fizeram. Todas as pretensões a uma nova vida serão fracassos evidentes. Vocês voltarão, como o cão ao seu vômito, e retornarão, como a porca lavada, ao seu lamaçal" (2Pedro 2:22). A mente vivificada percebe de modo claro que este seria inevitavelmente o resultado, se a obra fosse realizada por força humana; mas a fé nega tal calúnia, olhando somente para o Senhor.

Embora em mim, isto é, na minha carne, não habite bem algum (Romanos 7:18), contudo Ele é capaz de salvar completamente aqueles que por Ele se chegam a Deus (Hebreus 7:25); e a fé se apega a essa promessa: "Eu dou às minhas ovelhas a vida eterna, e elas nunca perecerão, e ninguém as arrebatará da minha mão" (João 10:28). Ela olha para o futuro com o mesmo olhar de fé com que olha para o passado perdoado, e repousa na fidelidade e no poder de Deus para salvar.

[4] Charles Wesley, "Victorious Faith" [Fé vitoriosa], 1739.

Às vezes, esses pecados antigos invadem a mente dos que creem com uma força terrível. Reunindo força terrível da justiça de Deus, nossos olhos são atormentados com a visão de um Deus irado, com sua espada desembainhada, pronto para nos ferir por nossas ofensas. Mas gloriosa é a fé que pode se lançar nos braços de Deus, mesmo quando a espada está na mão dele, e não crê que Deus pode ferir o pecador que confia no sangue de Jesus.

Poderosa é a fé que, olhando para a justiça, dura e severa, ainda assim não treme, mas clama: "Tu és misericordioso e justo para perdoar meus pecados, pois eu os confessei (1João 1:9); Cristo fez expiação completa, e tu não exigirás a mesma dívida duas vezes. Ele a pagou uma vez, e tu não podes me imputar nada."

Triunfante é a fé que sobe até o céu, e se coloca diante do trono resplandecente do grande e santo Deus, e ainda assim pode clamar: "Quem intentará acusação contra os eleitos de Deus? É Deus quem os justifica. Quem os condenará? É Cristo Jesus quem morreu, ou melhor, quem ressuscitou." (Romanos 8:33,34), e isso mesmo quando o pecado avança como uma inundação negra, e a lembrança do passado açoita a alma em tempestade.

Quando realmente conhecermos os méritos benditos do sangue de Jesus, quando compreendermos plenamente a misericórdia superlativa de Deus, quando chegarmos a conhecer o amor transbordante do Pai para com seus filhos amados — não consideraremos o pecado como sendo menos pecado do que antes, mas não temeremos mais suas consequências penais, estando confiantemente seguros em nossa alma de que nenhum desses pecados pode nos destruir; que nem todos eles juntos podem, por um momento, abalar nossa posição nele, nem de forma alguma nos colocar em perigo de ira eterna, visto que estamos revestidos pela justiça de Cristo (Filipenses 3:9), e lavados no sangue dele (Apocalipse 1:5).

Irmãs e irmãos, nossos pecados, quando perdoados, devem aumentar nosso prazer em Deus, visto que nos fornecem evidências de sua graça e amor extremamente abundantes. Amalie Sieveking[5], uma notável heroína cristã, uma das obreiras mais zelosas dos tempos modernos, escreve assim: "A sensação da minha própria impotência, apenas me aproxima ainda mais daquele cuja força se aperfeiçoa na fraqueza (2Coríntios 12:9). Entrego-me à sua orientação, na alegre confiança de que Ele terminará a obra que começou (Filipenses 1:6), e ajudará a pobre criança trôpega a se levantar repetidamente — sim, mesmo que ela tropece cem vezes por dia (Provérbios 24:16).

E este é o ponto que quero que vocês observem: às vezes, sinto como se devesse expor aos outros toda a minha culpa acumulada, para que possam admirar comigo as riquezas da longanimidade divina." É assim que a fé aprende a lidar com o pecado: a fazer dele um contraste para mostrar o brilho da misericórdia; o engaste no qual o diamante do amor divino cintila com brilho superlativo.

O coração fiel sempre se lembra do seu pecado com vergonha, mas ainda se lembra do amor perdoador de Deus com gratidão, e a tristeza ajuda a aumentar a gratidão. Quanto mais afundamos por causa da queda, mais alto se eleva o nosso amor a Deus quando refletimos como a sua mão forte nos tirou "de um poço de perdição, de um atoleiro de lama; colocou os meus pés sobre uma rocha e firmou os meus passos." (Salmos 40:2).

---

5 Amalie Sieveking (1794-1859) foi uma filantropa luterana alemã, considerada uma das grandes pioneiras do trabalho social organizado entre os protestantes da Europa. Ela é vista como uma heroína cristã notável, especialmente por seu empenho em ajudar os pobres, doentes e marginalizados em Hamburgo, sua cidade natal.

Oh! Eu gostaria que, nesta manhã, alguns de vocês que estão cheios de pecado cressem que Cristo pode salvá-los — "Todas as coisas são possíveis ao que crê." E se você for o pecador mais escuro do inferno, e achar o próprio diabo branco quando comparado a você, ainda assim, se você puder confiar em Cristo nesta manhã, "todas as coisas são possíveis ao que crê"; mais branco que a neve recém-caída você será em um instante, se puder agora mesmo repousar a sua alma em Jesus, que é capaz de salvar (Isaías 1:18).

2. Observemos agora a fé em meio aos constantes ataques dos quais o herdeiro do céu é alvo. Aqui, de novo, a fé faz tudo.

Minhas irmãs e irmãos, assim que um cristão nasce, há uma grande comoção em torno dele, até mesmo em relação ao próprio Cristo, pois Herodes procura a criança para destruí-la (Mateus 2:13). Todos sabemos o quanto o mundo nos ataca constantemente, em especial se nos separarmos dele, mantendo nossas roupas brancas (1João 2:15-17), e não nos entregarmos aos prazeres comuns, nem nos guiarmos pelos ditames ordinários da sociedade (Tiago 4:4). Então, o mundo uiva para nós como uma matilha de lobos.

E então? Ora, a fé encontra aqui apenas uma tarefa fácil, pois aprende a gloriar-se nas tribulações (Romanos 5:3), lembrando-se com prazer da bem-aventurança de Jesus no monte: "Bem-aventurados são vocês quando, por minha causa, os insultarem e os perseguirem, e, mentindo, disserem todo mal contra vocês. Alegrem-se e exultem, porque é grande a sua recompensa nos céus; pois assim perseguiram os profetas que viveram antes de vocês." (Mateus 5:11,12) Esta é uma conquista diária para o cristão: rir das ameaças de Satanás. "Esta é a vitória que vence o mundo: a nossa fé" (1João 5:4).

O mundo também nos ataca com seus sorrisos, e infeliz é aquele que não tem fé, pois logo as lisonjas do mundo o vencerão; mas aquele que é cheio de fé, quando o mundo lhe oferece prata, responde: "Não, eu sou rico em ouro", e se o mundo lhe desse um tesouro, ele diria: "Tenho uma porção melhor do que a que você me pode oferecer. Você quer tentar um rei com centavos, ou um príncipe com restos de comida de um mendigo? Sou herdeiro de todas as coisas em Cristo (Romanos 8:17); este mundo é meu, e o céu também é meu." Então ele ri com desprezo de todos os sorrisos dos ímpios, assim como fez com suas caras fechadas.

Ai de nós, irmãs e irmãos, somos igualmente atacados pela carne (Gálatas 5:17). Os desejos pecaminosos que habitam dentro de nós não estão mortos; eles ainda são poderosos, e sabemos disso com muito custo. Mas aqui, também, a fé vence; pois, embora reconheça o poder da carne e dos desejos pecaminosos, ela se apega a Cristo de tal forma que é elevada aos lugares celestiais e é capaz de pisar suas próprias corrupções debaixo dos pés (Romanos 6:14). A fé diz àquele que crê: "Tenha certeza de que, apesar de toda a ferida do seu próprio coração (1Reis 8:38), e de toda a repugnância da sua natureza, você vencerá tão certamente quanto Cristo venceu (João 16:33), e um dia será tão puro e imaculado quanto o próprio Cristo diante do trono do Pai" (Efésios 5:27).

Levante-se e seja livre dos seus desejos pecaminosos, ó cristão! Não há pecado que não ceda à fé (1João 5:4). Não há necessidade de pecarmos sempre como temos pecado: podemos vencer os nossos desejos pecaminosos. Vocês podem expulsar esses cananeus (Josué 1:3-5): embora habitem em cidades muradas até ao céu, e tenham carros de ferro, vocês ainda colocarão os pés sobre os pescoços deles (Josué 10:24), e os destruirão completamente. Pouco a pouco, vocês certamente irão expulsá-los, mas somente pela fé; não pelas obras, não pela confiança nas vossas próprias resoluções morais, mas pela confiança no sangue aspergido de Jesus (Hebreus 12:24), vocês conseguirão vencer toda a tentação, e subjugar o seu pecado.

Com funda e pedra eu vou,
Enfrentar o filisteu,
Deus falou e assim será,
Vencerei o mal cruel!

Na promessa confiarei,
Num Deus forte e vencedor,
Certo estou, triunfarei,
Pois já falou o meu Senhor.
Na força do meu Deus irei,
E ao inimigo vou correr,
Pela fé o mal tombarei,
O gigante há de morrer.

A fé em Jesus e em seu poder,
Lança a pedra e destrói o pecado,
Pela Palavra a vencer,
Cai o monstro derrotado.[6]

Assim é com o diabo. O diabo vem contra nós, mas somos mais do que páreo para ele quando nossa fé é firme (1João 5:4,5). Com o escudo da nossa fé, capturamos suas flechas (Efésios 6:16) e, com a espada da nossa fé, o ferimos no seu próprio coração (Efésios 6:17). Não há tentação que possa assaltar o que crê, mas a fé certamente pode fornecer um antídoto (1Coríntios 10:13).

---

[6] Charles Wesley, "Who Is This Giant Foe" [Quem é esse inimigo gigante], entre 1740 e 1750.

Se eu creio em Jesus, tenho a promessa dele de que vencerei (Romanos 8:37), e vencerei porque creio nessa promessa. Mesmo que eu caísse sob os pés do diabo, e ele levantasse a espada para me ferir, se eu puder dizer: "Meu inimigo, não se alegre a respeito de mim; ainda que tenha caído, eu tornarei a me levantar" (Miqueias 7:8), eu me levantarei, e a vitória será minha. A fé vence até o próprio inferno e o seu monarca coroado: para defesa, ela é uma armadura (Efésios 6:11), e para ataque, é nosso machado de batalha e nossas armas de guerra (Jeremias 51:20).

Quanto às provações desta vida, é maravilhoso como elas servem de penas para as asas da fé, pois ela percebe que os problemas vêm de Deus (Lamentações 3:37,38). João Crisóstomo[7] fez uma observação sobre essa passagem de Jó, onde o patriarca diz: "O SENHOR tirou." (Jó 1:21) Ele não disse que os caldeus fizeram isso (Jó 1:17), nem os sabeus (Jó 1:15), embora certamente fossem os instrumentos; mas ele disse: "O SENHOR tirou." Aquele que crê, vendo a mão de Deus em tudo o que lhe acontece, sente-se satisfeito com tudo igualmente.

Como a providência está nas mãos de seu Pai, ele sabe que ela é sempre guiada pelo amor, pela sabedoria e pela graça; e assim ele pensa que seus piores dias são tão bons quanto os seus melhores; seus dias ruins são bons; seus dias sombrios são claros; com plena confiança, ele

---

[7] João Crisóstomo (c. 349-407 d.C.) foi um dos mais famosos pregadores e teólogos da igreja primitiva. Era reconhecido por sua eloquência e habilidade em pregar. Foi Arcebispo de Constantinopla e é considerado um dos Pais da igreja, especialmente respeitado por católicos, ortodoxos e algumas tradições protestantes. Destacou-se pela pregação expositiva, defesa da moral cristã e críticas à corrupção, inclusive dentro da Igreja e do Império. Foi perseguido e exilado por suas denúncias contra abusos do poder, e morreu no exílio. É lembrado por suas homilias, interpretações bíblicas e orações, como a famosa Liturgia de São João Crisóstomo, usada até hoje em igrejas orientais.

crê que todas as coisas cooperam para o seu bem (Romanos 8:28), e deixa o operar delas inteiramente com seu Deus. Oh! Amadas e amados, é apenas a falta de fé que torna este mundo um lugar de tanta tristeza para o povo de Deus, mas quando temos fé, a fé ri de cada tribulação, venha de qualquer fonte que venha (João 16:13).

Assim, eu lhes mostrei que "todas as coisas são possíveis ao que crê".

Levantem-se, ó hostes do inferno, e atirem suas flechas! Ó céus, preparem suas tempestades! Ó terra, lance para fora as suas inundações, e você, ó carne, saia com toda a sua blasfêmia e maldade — a fé caminha ilesa em meio a toda a sua fúria, mais que vencedora, por meio daquele que a amou (Romanos 8:37).

3. Voltamos a sua atenção para outro ponto: a obtenção de eminência na graça. Muitos cristãos professos estão sempre duvidando e temendo, e pensam que esta é a condição necessária dos cristãos. De modo algum, irmã e irmão! "Todas as coisas são possíveis ao que crê", e é possível que você entre num estado em que a dúvida ou o medo sejam apenas como uma ave migratória a sobrevoar a sua alma, mas nunca se demorando ali.

Quando você lê biografias das elevadas e doces comunhões desfrutadas por santos agraciados, suspira: "Ai ai! Estas coisas não são para mim". Ó você que está procurando se elevar! Se tiver fé, você ainda estará no pináculo do templo, pois todas as coisas são possíveis ao que crê. Sei que você lê sobre o que algumas grandes pessoas fizeram por Jesus, o que desfrutaram dele, o quanto foram semelhantes a Ele, como foram capazes de suportar por causa dele; e você diz: "Ah! Quanto a mim, sou apenas um verme; jamais poderei alcançar isso."

Não há nada que um santo tenha sido que você não possa ser. Não há altura de graça, nem grau de espiritualidade, nem posição de segurança, nem posto de dever que não esteja aberto a você, se tiver apenas o poder de crer (Filipenses 4:13). Levantem-se, levantem-se de seus monturos; deixem de lado seu saco e suas cinzas (Isaías 61:3). Não é apropriado que vocês se prostrem no pó, ó filhos de um rei. Ascendam! O trono dourado da segurança está esperando por vocês! A coroa da confiança em Jesus está pronta para adornar sua fronte. Envolvam-se em escarlate e linho fino, e banqueteiem-se todos os dias; pois, se crerem, poderão comer o melhor do trigo; toda a sua terra fluirá com azeite, vinho, leite e mel (Deuteronômio 8:7-8), e sua alma será como um jardim regado (Isaías 8:11), e seu espírito se fartará com saborosas e suculentas comidas (Salmos 63:5). "Todas as coisas são possíveis ao que crê."

4. E ainda um quarto ponto: o poder da fé em referência à oração. Aqui se aplica a palavra "todas as coisas são possíveis ao que crê". Na oração, às vezes ficamos perplexos diante das grandes coisas que estamos prestes a pedir, mas a fé olha para a grande promessa, para o grande Deus e para o seu grande amor, e pensa que mesmo uma grande coisa é apenas uma migalha da mesa do Mestre (Mateus 15:27). Então, de novo, somos frequentemente desencorajados por um sentimento de indignidade; mas a fé olha para a dignidade de Cristo, e crê que a dignidade dele é suficiente para colocar a nossa indignidade completamente invalidada.

Então, somos propensos a pensar nas demoras de Deus; mas, então, a fé pensa que Deus não pode negar, embora possa demorar; assim, ela aguarda firme até que a promessa se cumpra. Embora a visão demore a se cumprir, ela a espera até que venha, pois ela tem certeza de que virá (Habacuque 2:3). E, oh! É esplêndido ver a fé esperar em Deus em oração e renunciar a todos os meios carnais, dependendo simples e inteiramente da promessa nua e crua, e crendo que Deus pode fazer a sua própria obra e cumprir a sua própria palavra.

Irmãs e irmãos, ninguém deve duvidar nestes tempos modernos que Deus responderá às orações, e que a fé com a oração pode fazer qualquer coisa (Tiago 5:16). Muitas vezes ouvimos falar de George Müller[8], de Bristol. Ali se erguem, na forma daqueles magníficos orfanatos, cheios de órfãos, sustentados sem comitês, sem secretários, sustentados apenas pela oração e fé daquele homem; ali se erguem, em tijolos e argamassa sólidos, um testemunho do fato de que Deus ouve as orações (Mateus 7:7).

Vocês sabem, no entanto, que o caso do Sr. Müller é apenas um entre muitos? Lembrem-se do trabalho de August Francke[9], em Halle. Olhem para a Rough House, perto de Hamburgo, onde o Dr. Johann Wichern[10], começando com alguns meninos marginalizados de Hamburgo, esperando apenas pela ajuda e bondade de Deus, agora tem uma vila inteira cheia de meninos e meninas, recuperados e salvos, e está enviando irmãs e irmãos para todos os lados para ocuparem cargos úteis em diversas partes do mundo. Lembrem-se do irmão Johann Gossner[11], de Berlim, e como Deus o ajudou poderosamente para enviar não

[8] George Müller (nascido Johann Georg Ferdinand Müller) (1805-1898) foi um cristão evangelista e filantropo alemão radicado na Inglaterra, e diretor do orfanato Ashley Down, em Bristol. Ele foi um dos fundadores do movimento Irmãos de Plymouth (no Brasil, Casa de Oração).

[9] August Hermann Francke (1663-1727) foi um ministro, teólogo, editor, educador e reformador social alemão. Fundador da Escola de Halle e de várias instituições assistenciais, incluindo orfanatos, hospitais e escolas para crianças pobres. Sua obra foi fundamental para o desenvolvimento do pietismo alemão, sucedendo a Philipp Spener, e do trabalho social cristão na Europa.

[10] Johann Hinrich Wichern (1808–1881) foi um pastor e reformador social alemão, fundador do movimento de assistência a crianças e jovens pobres, conhecido como Rauhes Haus (em inglês Rough House) em Hamburgo. Wichern foi pioneiro no trabalho social protestante e é considerado um dos fundadores das modernas organizações diaconais.

[11] Johann Evangelista Gossner (1773-1858) foi um teólogo, filantropo e missionário protestante alemão, fundador de várias instituições missionárias e escolas. Gossner é reconhecido por seu grande empenho na formação de missionários e pela influência na expansão do protestantismo na Europa e além.

menos que duzentos missionários por toda a terra pregando a Cristo, enquanto ele não tem como sustento nada além da simples promessa de Deus, e da fé que aprendeu a alcançar a mão de Deus e tirar dela tudo de que necessita (Filipenses 4:19).

E preciso lembrar-lhes de uma história que contamos na sexta-feira passada à noite — a história do pastor Ludwig Harms[12], em Hermannsburg, que, pelo poder da fé daquele homem na pregação da Palavra, viu o deserto árido florescer como uma rosa, até que sua igreja se tornasse um verdadeiro modelo do que uma igreja de Deus deveria ser — um corpo vivo e atuante, da qual ele enviava missionários para a costa da África, tendo para suprir as necessidades apenas as ofertas do povo, extraídas pelo exercício da oração e da fé.

Eu estava lendo uma passagem memorável de sua vida, onde ele diz que queria enviar seus missionários para a tribo Galla[13] na África, mas não conseguia encontrar nenhum meio; e assim ele diz:

Então, bati diligentemente à porta do querido Deus em oração; e como uma pessoa de oração não deve ficar de braços cruzados, procurei alguém entre os agentes de navegação, mas não obtive sucesso. Recorri ao Bispo Samuel Gobat[14] em Jerusalém, mas não obtive res-

---

[12] Ludwig Harms (1808-1865) foi um pastor luterano pietista alemão. Fervoroso e habilidoso em pregar para pessoas humildes, defendeu a necessidade de uma conversão completa que se expressaria na vida, e liderou um despertamento raramente visto no norte da Alemanha. Foi o fundador da Missão de Hermannsburg em 1849, que se destacou pelo envio de missionários ao exterior, especialmente para a África Oriental, como Madagascar e África do Sul.

[13] Antigo nome do povo Oromos, um dos maiores grupos étnicos da Etiópia e do leste da África. Esta denominação foi muito utilizada por exploradores, missionários e colonizadores europeus nos séculos 19 e início do 20 para se referir a esse povo, hoje sendo considerado pejorativo.

[14] Samuel Gobat (1797-1879) foi um missionário suíço no continente africano e posteriormente bispo anglicano de Jerusalém. Trabalhou intensamente no

posta; e então escrevi ao missionário Johann Krapf[15] em Mornbaz[16], mas a carta se perdeu. Então, um dos marinheiros que ficara disse: "Por que não construir um navio? Assim você poderá enviar quantos quiser, e quantas vezes quiser?" A proposta era boa, mas... e o dinheiro? Aquele foi um momento de grande conflito, e eu lutei com Deus (Gênesis 32:24-28). Pois ninguém me encorajou, mas o contrário; e até mesmo os amigos e irmãs e irmãos mais verdadeiros insinuaram que eu não estava totalmente em meu juízo perfeito. Quando o Duque Jorge da Saxônia[17] estava em seu leito de morte, e ainda estava em dúvida a quem deveria confiar sua alma — se ao Senhor Cristo e seus queridos méritos, ou ao Papa e suas boas obras — um cortesão de confiança lhe falou: "Vossa Graça, o caminho reto é o mais rápido." Essa palavra permaneceu firme em minha alma. Eu havia batido à porta das pessoas, e as encontrado fechadas; e, no entanto, o plano era realmente bom e para a glória de Deus. O que deveria ser feito? "O caminho reto é o mais rápido". Orei fervorosamente ao Senhor, coloquei o assunto em nas mãos dele e, ao me levantar à meia-noite, disse, com uma voz que quase me assustou no quarto silencioso: "Avante agora, em nome de

---

Médio Oriente para o estabelecimento da igreja e apoio a missões, além de promover o ensino e o evangelismo na região.

15 Johann Ludwig Krapf (1810-1881) foi um missionário alemão na África Oriental, conhecido por seus esforços na evangelização e pelo trabalho na tradução da Bíblia para línguas africanas, especialmente sua contribuição para a divulgação do cristianismo no Quênia e na Tanzânia.

16 A cidade de Mombassa, Quênia, na costa sudeste do continente africano. Mornbaz era como Johann Krapf a chamava em suas cartas, provavelmente uma adaptação do nome para o alemão.

17 Jorge, o Barbudo, da Saxônia [em alemão, Georg der Bärtige] (1471-1539) foi um duque alemão católico romano conhecido por sua firme oposição à Reforma protestante luterana.

Deus!" A partir daquele momento, nunca mais um pensamento de dúvida surgiu em minha mente.

Amigas e amigos, as igrejas de Cristo não precisam de mecanismos modernos que suplantem a simplicidade da fé. Eu realmente acredito que, se o Senhor varresse do universo os comitês, secretários e sociedades missionárias, estaríamos melhores sem eles se nossas igrejas confiassem em Deus, enviassem seus próprios membros, levantassem o dinheiro para sustentá-los, e cressem que Deus os abençoaria. Espero que a igreja diga em breve, como Davi na armadura estridente de Saul: "Não posso andar com isto, porque nunca o usei" (1Samuel 17:39); e com apenas sua funda e sua pedra, confiante em seu Deus, eu confio que ela enfrentará o inimigo dela.

Podemos fazer todas as coisas, se pudermos confiar em Cristo. "Todas as coisas são possíveis ao que crê"; mas nada é possível a suas maquinações e sistemas. Deus ainda os eliminará, e feliz será aquele que liderar a linha de frente na completa destruição deles. Subam contra eles, tirem suas muralhas de defesa, pois não são do Senhor — Ele não as ordenou, nem as apoiará. Ajam com fé, ó povo de Deus, e provem o poder da oração, pois "todas as coisas são possíveis ao que crê".

5. Há outro ponto, sobre o qual já me aprofundei — isto é, no serviço de Deus, "todas as coisas são possíveis ao que crê". Sei que o diabo lhes dirá: "Ora, vocês não têm nenhum dom". E se não tiverem??? Se tiverem o dom da fé, poderão fazer algo e cumprir a sua missão.

Talvez você seja um ministro: tem trabalhado em uma vila com muito pouco sucesso. Irmão, será que não foi porque você não creu que Deus lhe daria sucesso? Pois, se tivesse crido, o teria obtido. Você não está limitado em Deus, mas sim em seus próprios sentimentos.

Sei o que é ir para o meu quarto e sentir-me envergonhado de muitos sermões que preguei, e gemer e me lamentar por eles. E sei o que é descobrir, no espaço de um mês, que um sermão foi muito mais útil na conversão do que aqueles que eu pensava terem algo que os pudesse tornar eficazes. O fato é que Deus não quer o nosso poder, mas a nossa fraqueza (2Coríntios 12:9); não a nossa grandeza, mas a nossa nulidade (1Coríntios 1:28,29).

Oh, irmã ou irmão, se Deus o chamou para uma obra dez vezes mais difícil do que as suas forças permitem, vá e faça-a na força dele – "Todas as coisas são possíveis ao que crê". Eu gostaria que esta geração criasse algumas pessoas ousadas — estamos ficando tão apagados, tão frios, tão comuns... todos andamos nos mesmos trilhos, imitando uns aos outros. À vista de um dos heróis antigos, nós, pessoas pequenas, caminhamos sob as enormes pernas deles, e procuramos onde encontrar túmulos desonrosos para nós mesmos; e tudo isso porque abandonamos a fé.

Que se acredite que Deus chamou você para uma missão! Que se diga: "Avante, em nome de Deus!", e tal pessoa marcará seu tempo, gravará seu nome na rocha dos séculos e deixará memoriais para trás, os quais os anjos contemplarão quando os nomes de imperadores e reis forem varridos para o esquecimento.

Homens e irmãos nesta igreja, muitas e muitas vezes eu os exortei à fé, e há alguns poucos de vocês que começam a entender o que significa fé. Mas, oh, temo que muitos de vocês ainda não chegaram à plenitude do significado da fé.

Viver em um ambiente de milagres, ser chamado de fanático, ver a mão de Deus tão visivelmente quanto você vê a sua, reconhecê-lo como maior do que causas secundárias, vê-lo como alguém cujo braço você pode mover (Isaías 52:10), cujo poder você pode invocar (João 14:13,14), estar em uma posição extraordinária, muito acima do lugar onde a razão pode colocá-lo, saber que você é um filho distinto, separado e especialmente favorecido de Deus — Oh! Este é o paraíso que começou aqui embaixo.

Acreditem em mim: muitas vezes me maravilho como as pessoas podem pensar que as conquistas atuais da igreja são tudo o que a igreja pode esperar. Vejo comerciantes decentes, ministros respeitáveis, mulheres amáveis e assim por diante, fazendo algo, mas fazendo muito, muito pouco —e sou levado a dizer: "Com assim? Como assim? Foi só por isso que Cristo derramou o sangue dele – para nos levar a fazer só isso? É só isso que o Espírito Santo faz — levar alguém a terminar um sermão razoável num domingo? É só isso? Essa é a obra de Deus?"

Olho para a obra de Deus na natureza — há alpes imponentes, mares rugindo e cataratas agitadas em fúria; mas olho a obra de Deus na igreja — pequena, pequena, pequena em todos os lugares. A pequenez está estampada na testa desta geração; não fazemos nem ousamos. E estou inclinado a pensar que, até que vejamos alguma grande e ousada ação ser tentada, e alguma coisa grande e maravilhosa feita por Cristo, não veremos a glória do Senhor ser manifestada, para que toda a humanidade a veja junta (Isaías 40:5).

O que estamos fazendo aqui, todos nós confinados nesta pequena ilha[18], todos nós que vivemos na Inglaterra? "O mundo jaz no maligno." (1João 5:19) Como é possível que nossos corações não batam pelos pagãos? "Mas nós devemos ficar em casa; temos obrigações". Mas o chamado de Deus não seria ainda mais forte, se tivéssemos fé? Mas somos tão carnais — vivemos tanto das "coisas que se veem" (2Coríntios 4:18), que não conseguimos praticar um ato ousado, corajoso e "imprudente" pelo Mestre! Que Deus nos ajude a fazê-lo! Então a igreja se levantará e vestirá suas roupas finas (Isaías 52:1); e ai de ti, Asquelom, quando o Deus de Israel estiver no acampamento! (Amós 1:8) Ai de ti, Gaza, pois tuas portas serão carregadas em nossos ombros,

---

[18] A Inglaterra é um dos países na ilha da Grã-Bretanha.

quando crermos que somos fortes o suficiente para carregá-las até o topo do monte, com postes, trancas e tudo! (Juízes 16:1-3) "Todas as coisas são possíveis", no serviço de Deus, "ao que crê".

Finalmente, quando chegarmos à morte, a doença não nos causará ansiedade; os mistérios solenes da última cláusula do contrato da vida não nos alarmarão; a sepultura não será um lugar de trevas; o julgamento não conhecerá terrores (Romanos 8:1); a eternidade não terá horrores; pois para aquele que crê, todas as coisas são possíveis, e a morte e a sombra da morte cedem diante da fé. O céu cede à fé; o inferno treme diante dela; a terra é impotente diante dela e repousa nas mãos do fiel, como o barro na roda do oleiro, para ser moldado como ele quiser (Jeremias 18:6).

II

Chego ao meu último ponto, e que Deus o abençoe: *onde está, então, a força secreta da fé?*

Ela reside no alimento que ela consome; pois a fé estuda o que é a promessa — uma emanação da graça divina, um transbordamento do grande coração de Deus; e a fé diz: "Meu Deus não poderia ter dado esta promessa, exceto por amor e graça; portanto, é absolutamente certo que esta promessa se cumprirá." Então a fé pensa: "Quem fez esta promessa?" Ela considera não tanto sua grandeza, mas sim "Quem é o autor dela?" Ela se lembra de que é o Deus que não pode mentir (Tito 1:2) — o Deus onipotente, o Deus imutável — e, portanto, conclui que a promessa deve ser cumprida; e segue em frente com esta firme convicção.

Então, ela se lembra também do motivo pelo qual a promessa foi feita – a saber, para a glória de Deus — e sente-se perfeitamente segura de que a glória de Deus é certa, de que Ele jamais manchará seu próprio brasão, nem minguará o brilho de sua própria coroa; e, portanto, conclui que a promessa deverá permanecer.

Então, a fé também considera a obra maravilhosa de Cristo como uma prova clara da intenção do Pai de cumprir sua palavra. "Aquele que não poupou o seu próprio Filho, mas por todos nós o entregou, será que não nos dará graciosamente com Ele todas as coisas?" (Romanos 8:32)

Depois, a fé olha para o passado, pois suas batalhas a fortaleceram, e suas vitórias lhe deram coragem. Ela se lembra de que Deus nunca falhou com ela; melhor dizendo, que Ele nunca falhou com nenhum de seus filhos (Josué 21:45). Ela relembra tempos de grande perigo, quando o livramento chegou — horas de terrível necessidade, quando sua força durou de acordo com seus dias (Deuteronômio 33:25); e ela diz: "Não; nunca serei levada a pensar que Ele pode agora perjurar a si mesmo, mudar de caráter e abandonar seu servo.

A fé, além disso, sente que não pode crer em uma palavra dura sobre seu querido Deus. É errado usar essa expressão "querido Deus"? Devo usá-la, pois Ele é querido para mim! Acho que esta é uma das coisas das quais me arrependi, acima de todos os outros pecados que cometi – o pecado de duvidar daquele que me ama tanto que preferiu morrer a eu perecer, e morreu para que eu pudesse viver (João 3:16).

Quê! Esse Deus tão querido à minha alma — duvidarei eu dele? Eu não espalharia um boato de que meu pai é um mentiroso, ou que minha mãe se perjura. Não, benditos pais, vocês não seriam cruéis comigo; e, meu bendito Deus, minha fé sabe que tu não serás cruel; teu amor o tornará fiel, mesmo que tua fidelidade não fosse suficiente por si só. Se nosso Deus pode nos abandonar, então, de fato, estou enganado sobre o caráter dele. Se eu posso ousar algo por Deus, e Ele pode me abandonar, então eu interpretei mal as Escrituras.

Não creio, jovem guerreiro, que se Deus o incitar a se lançar no meio da batalha, Ele o deixará, como Joabe fez com Urias, para cair pelas flechas do inimigo (2Samuel 11:15). Apenas ouse, e Deus será maior que a sua ousadia. Mas nos recusamos a ser honrados. Um pouco de sofrimento, uma pequena dificuldade, um pequeno perigo, e recuamos para a nossa indigna indolência. Oh, que nos elevemos à glória de crer!

Amadas e amados, tentei assim despertar as suas almas. Mas estou bem consciente de que não podemos ter esta fé em Cristo, a menos que tenhamos mais do seu Espírito Santo. Mas então temos a promessa: "Ora, se vocês, que são maus, sabem dar coisas boas aos seus filhos, quanto mais o Pai celeste dará o Espírito Santo aos que lhe pedirem!" (Lucas 11:13) Peçam mais fé.

Esta igreja é suficiente por si mesma para a conversão do mundo inteiro, se Deus nos der fé suficiente. Se o pequeno grupo em Jerusalém foi tudo o que foi necessário, um grupo de mais de dois mil homens e mulheres fiéis poderia ser suficiente, se tivéssemos fé. E olhem para todas as igrejas ao redor: seu sucesso seria tão pequeno quanto é, se tivessem mais fé? Todas as coisas são possíveis, e ainda assim não fazemos nada! Todas as coisas estão ao nosso alcance, e ainda assim somos pobres! (Apocalipse 3:17) O próprio Céu está do nosso lado, e ainda assim somos derrotados!

Vergonhosa incredulidade! Seja morta para sempre! Gloriosa fé! Viva em nossas almas! Espero que tanto pecadores quanto santos creiam na misericórdia, na bondade e na verdade de Deus, conforme reveladas em Cristo, e que levemos isto conosco para a casa como o alimento de hoje: "Todas as coisas são possíveis ao que crê."

A fé pisa o mundo e o inferno,
Vence a morte e o desespero;

Ó! Maravilha, é belo e singelo,
Pela oração, o céu é ganho por inteiro.

Faz o pecado, tão rubro a brilhar,
Tornar-se alvo como a neve que cai,
E o pobre pecador faz levantar,
Para com anjos de luz morar com o Pai.[19]

SERMÃO PREGADO EM 1862

[19] "Faith Conquering" [A fé vitoriosa], 1802.

SOBRE O AUTOR

CHARLES Haddon Spurgeon nasceu em 19 de junho de 1834, em Kelvedon, Inglaterra, e morreu em 31 de janeiro 1892, em Menton, França. Foi um ministro religioso inglês de tradição reformada. Ele foi pastor do Metropolitan Tabernacle, uma igreja batista de Londres, durante quase quarenta anos. Ele é conhecido mundialmente como "o Príncipe dos Pregadores". Seus sermões inspiradores, além de livros e meditações sobre as Escrituras, têm sido traduzidos para vários idiomas.

Conheça outros livros de Spurgeon publicados pela Hagnos:

- *O Evangelho Segundo Mateus: a narrativa do Rei*
- *Esperança, o perfume do coração*
- *Fé, o alimento da alma*
- *Filhos da promessa*
- *Milagres e parábolas do Nosso Senhor*
- *Perguntas para a mente e o coração*
- *O Grande Deus*
- *A beleza da vida cristã: 10 sermões sobre o nosso dia a dia com Deus*
- *O maior presente de todos: 10 sermões sobre a salvação*
- *O grande exército de Deus: 10 sermões sobre anjos*
- *Jesus, o Salvador: 10 sermões sobre o Filho de Deus*
- *Até que Ele venha: 10 sermões sobre a Ceia do Senhor*

Sua opinião é importante para nós.

Por gentileza, envie-nos seus comentários pelo e-mail:

editorial@hagnos.com.br